校企合作优秀教材

精品课程配套教材

21世纪应用型人才培养"十三五"规划教材

冷链物流管理实验实训

主　编　王身相

主　审　刘炳康

副主编　韦承燕　张小玲　徐晓娟

参　编　王　珏

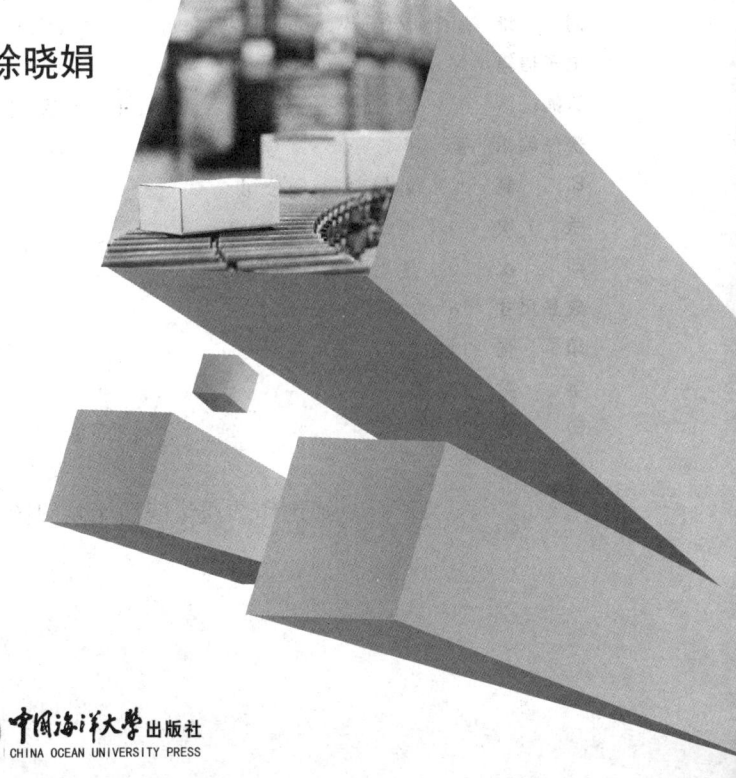

中国海洋大学出版社
CHINA OCEAN UNIVERSITY PRESS

图书在版编目（CIP）数据

冷链物流管理实验实训/王身相主编．—青岛：
中国海洋大学出版社，2016.12
ISBN 978-7-5670-1320-9

Ⅰ.①冷… Ⅱ.①王… Ⅲ.①冷冻食品—
物流—物理管理 Ⅳ.①F252.8

中国版本图书馆 CIP 数据核字（2016）第 312358 号

出版发行	中国海洋大学出版社		
社　　址	青岛市香港东路23号	邮政编码	266071
出 版 人	杨立敏		
网　　址	http://www.ouc-press.com		
电子信箱	465407097@qq.com		
订购电话	0532-82032573（传真）	电　　话	0532-85902349
责任编辑	董　超		
印　　制	北京俊林印刷有限公司		
版　　次	2017年2月第1版		
印　　次	2017年2月第1次印刷		
成品尺寸	185 mm×260 mm		
印　　张	14		
字　　数	291千		
印　　数	1—10000		
定　　价	39.00元		

（如因印装质量问题影响阅读，我社负责调换）

高等院校教育教材研究与编审委员会

主　任： 丁红朝

副主任： （排名不分先后顺序）

魏　力　黄群瑛　郭福琴　陈丽佳　潘邦贵　黄爱科　武跃春　黄超平
周　洁　吴让军　宋君远　周　宇　郭　波　张　莉　王　力　庄小将
田　君　仲　蓬　林光友　刘智勇　肖　湘　耿喜则　程文明　邓　恩
胡景煌　李金伟

委　员： （排名不分先后顺序）

王汝志　仲崇高　邓光明　王　玲　李青阳　柯晶莹　刘秀峰　梁　珺
郑　璁　颜　伟　冉恩贵　邓景泉　刘怿凡　王东坡　靳炜伟　何春华
马　毅　顾晨婴　周瑞强　李　飞　陈桂平　殷志文　余　鹏　陈力攀
陈　辉　石莉萍　洪　歧　刘春景　李元杰　李建清　李良霄　吴智勇
吴剑锋　熊勇权　何志昂　包耀东　梁　锐　杨荣军　朱纪红　陈晓川
喻建晖　陈瑞霞　朱　飞　王喜荣　徐　霞　马海祥　叶大萌　石敦岗
尹渔清　张雪佳　郑连弟　董　慧　叶　凡　张翠华　游春华　芦书荣
林金兰　李素云　曾晓文　杨子武　谭筱南　禹　青　李　莉　朱增峰
韩俊强　杨保香　张文洲　将　平　刘仁芬　李奇志　陈晓川　廖秀珍
徐仁旭　郝兴武　徐　磊　黄方正　毛光峰　齐佳敏　马世新　冯方友
周　箭　郑小平　孔德元　郑　艳　胡智斌　刘德华　赵　越　高启明
林幼斌　陈兴平　马小红　李　东　李　富　韦家明　张　萍　李秀菊
刘助忠　杨　迪　钱　钶　王　莹　周　庆　白洁宇　封　岚　王玉勤
罗　勇　张建新　杨志学　王希晶　李立辉　夏同胜　刘小军　张秀芳
谭目发　黄宏彬　刘劲志　王　荣　陈田国　周　南　韩在霞　邱惠芳
刘　明　李　锐　刘　舟　张家荣　刘炳康　刘可夫　徐顺志　杨安宁
章志杰　刘静萍　黄　芸　胡久江　王少英　张文华　张崇友　张　莉
吴志军　马　骏　戴小波　韩　芳　陈晓霞　何　方　李　炳　王永照
李文胜　刘　羽　欧　雅　肖莉贞　王焕毅　张　琛　柳志刚　徐　莉
王　彦　李东文　米双红　容　莉　张　薇　黄　健　杨勇军　付宏华
银　峰　卢　瑜　王志强　范玲俐　杨俊峰　张俊峰　吴青松　朱志辉
韩　芳　毛用春　何　辛　朱　琴　吴德永　王　涛　童广印　赵华玮
刘　宏　刘　飞　张元越　罗晓军　李传健　向佐春　岳文忠　于　淼
蒋粤闽　陈飞飞　龙　游　李　凯　谭　波　喻靖文　刘丽霞　陶晓峰
邱春高　罗利华　王艳芹　罗志明　徐明川　宋长昆　杨　艳　苏　华
阳玉秀　文英兰　卢　竹　任春茹　张永红　刘　晖　蔡传柏　李　虹
李永华　陈金洪　候学刚　邱漠河　唐荣林　高彩霞　周　冲　邓嘉燕
张福霞　孙建超　沈恒旸　朱玉萍　袁战军　董建利　王绍光　岳士凯
蒋国宏　桑莉琳　范飞飞　夏清明　谢晓杰　张红丽　梁燕燕　王德礼
李芙蓉　马晓明　张艳平　熊义成　程元清　任郁楠　张小亚　黄永强
郭美斌　钟祥荣　覃晓康　张琳茜

前　言

我国冷链物流市场规模和需求增速加快，仅食品行业冷链物流的年需求量就在1亿吨左右，年增长率在8%以上。从行业发展空间来看，当前我国综合冷链流通率仅为19%，而美、日等发达国家的冷链流通率达到85%以上。伴随消费模式升级、新型城镇化建设的推进，作为物流行业中进入壁垒较高、且市场空间巨大的一个领域，冷链物流成为电商、物流企业抢占的高地。

为了更好地培养应用型人才，提升学生的动手能力，我们在实际教学中开发了冷链冷物流校内实践教学体系，体系主要体现物（易腐品）、流程、设备技术、管理方法四要素，其中管理方法最终目的是确定冷链产品质量的可靠，四要素相互关联形成一个有机的操作体系。本书内容注重理论知识和企业岗位操作，突出实践环节，丰富了冷链物流相关资料，可以作为学生实验实训的指导用书，也可以作为冷链物流学习的工具书。

本书由广州工商学院的王身相主编；韦承燕、张小玲、徐晓娟任副主编；王珏任参编；参加编写的有杨春敏、吴杰、张埭、刘华、宁鹏飞、张欣等，全书由刘炳康主审。

本书的编写过程中，得到了广东省冷链物流行业协会及相关冷链物流企业的帮助，参考借鉴了各类网络资源和专家学者的研究成果，在此表示衷心的感谢。

由于编者水平有限，书中存在缺点和问题在所难免，敬请广大读者批评指正。

编　者
2017年2月

目　录

项目 1　冷链物流认识 ·· 2

1.1　知识储备 ··· 2
1.1.1　相关定义 ·· 2
1.1.2　周边易腐食品种类及储存方法调查 ························· 3
1.2　冷链物流流程认知 ··· 3
1.2.1　知识储备 ·· 3
1.2.2　新疆香梨冷链物流过程分析 ··································· 4

项目 2　易腐产品知识 ·· 6

2.1　易腐产品基础知识 ··· 6
2.1.1　易腐产品相关定义 ··· 6
2.1.2　易腐食品防腐方法 ··· 8
2.2　常见易腐食品调查 ··· 9
2.2.1　知识储备 ·· 9
2.2.2　常见易腐食品储存温度信息调查 ···························· 10
2.3　食品样品的采集与保存 ·· 16
2.3.1　知识储备 ·· 16
2.3.2　食品检验样品的采集与保存实验 ··························· 16
2.4　果蔬成熟度的判断 ·· 18
2.4.1　知识储备 ·· 18
2.4.2　苹果成熟度的判断 ·· 18
2.5　呼吸强度的测定 ··· 19
2.5.1　知识储备 ·· 19
2.5.2　呼吸强度的测定（气流法） ··································· 20

2.6 乙烯吸收剂的制作及其保鲜效果实验 …………………………………… 22
2.7 果蔬中乙醇含量的测定 …………………………………………………… 27
2.8 果蔬贮藏保鲜品质的感官鉴定 …………………………………………… 29
2.9 植物离体叶片失水表型观察及其失水率测定实验 ……………………… 32
2.10 肉类新鲜度检验 …………………………………………………………… 33
 2.10.1 知识储备 …………………………………………………………… 33
 2.10.2 肉类新鲜度的感官检验 …………………………………………… 33
2.11 菌落总数检测 ……………………………………………………………… 35
 2.11.1 知识储备 …………………………………………………………… 35
 2.11.2 鲜冻肉的微生物检验 ……………………………………………… 35
2.12 易腐食品解冻方法 ………………………………………………………… 43
2.13 不同温度对维生素 C 含量的影响 ………………………………………… 45
 2.13.1 知识储备 …………………………………………………………… 45
 2.13.2 不同储存条件对蔬菜中 Vc 含量的影响 ………………………… 46

项目 3 冷链物流设备 …………………………………………………………… 49

3.1 常见温度计的使用 ………………………………………………………… 50
 3.1.1 普通温度计 ………………………………………………………… 50
 3.1.2 红外线温度计 ……………………………………………………… 50
 3.1.3 食品中心温度计 …………………………………………………… 53
3.2 预冷 ………………………………………………………………………… 55
 3.2.1 知识储备 …………………………………………………………… 55
 3.2.2 预冷参数计算 ……………………………………………………… 56
 3.2.3 胡萝卜切片冷冻干燥实验 ………………………………………… 61
 3.2.4 果蔬汁液冰点的测定 ……………………………………………… 63
 3.2.5 不良环境对植物细胞膜的伤害 …………………………………… 64
3.3 冷库 ………………………………………………………………………… 67
 3.3.1 知识储备 …………………………………………………………… 67
 3.3.2 冷库的机构及特点 ………………………………………………… 69
 3.3.3 小型冷库制冷系统原理基础知识 ………………………………… 72
 3.3.4 冷库储存食品吨位计算 …………………………………………… 74
 3.3.5 冷库系统性能测试综合实验 ……………………………………… 75

  3.3.6 臭氧法冷库消毒及异味处理 ……………………………………… 84

  3.3.7 冷库的除霉杀菌 …………………………………………………… 89

  3.3.8 冷库的温度控制 …………………………………………………… 95

  3.3.9 典型果蔬贮藏质量检验 …………………………………………… 99

  3.3.10 食品冷藏 ………………………………………………………… 101

  3.3.11 黄瓜冷害症状及冷害指数计算 ………………………………… 101

  3.3.12 冷藏库操作规程及日常维护 …………………………………… 103

  3.3.13 冷库日常维护保养操作手册 …………………………………… 106

3.4 冷藏运输车 …………………………………………………………… 111

  3.4.1 冷藏运输的类型和特点 ………………………………………… 111

  3.4.2 冷藏运输车的温度控制操作 …………………………………… 115

  3.4.3 冷藏车隔温处理 ………………………………………………… 117

  3.4.4 集装箱运输组织 ………………………………………………… 119

  3.4.5 冷藏车货物温度记录 …………………………………………… 120

  3.4.6 冷链运输成本分析 ……………………………………………… 132

3.5 销售冷藏柜的保养 …………………………………………………… 135

项目 4 冷链物流信息系统 ……………………………………………… 137

4.1 中国冷链 T-GPS 系统操作 ………………………………………… 137

  4.1.1 登陆中国冷链 GPS 系统 ……………………………………… 137

  4.1.2 地图操作 ………………………………………………………… 138

  4.1.3 车辆数据 ………………………………………………………… 140

  4.1.4 历史轨迹 ………………………………………………………… 142

  4.1.5 数据统计 ………………………………………………………… 143

4.2 Android 管理软件 …………………………………………………… 146

  4.2.1 手机设置 ………………………………………………………… 146

  4.2.2 登录系统 ………………………………………………………… 148

  4.2.3 设备信息 ………………………………………………………… 149

  4.2.4 报警信息 ………………………………………………………… 156

  4.2.5 搜索 ……………………………………………………………… 160

  4.2.6 更多 ……………………………………………………………… 165

  4.2.7 注销登录 ………………………………………………………… 174

项目 5 冷链物流人员防护 …… 175
5.1 冷库使用应急处理 …… 175

项目 6 冷链物流操作实训 …… 177
6.1 草莓冷链物流操作实验 …… 177
6.2 基于 HACCP 的食品冷链物流管理 …… 180
6.3 冷链物流成本核算 …… 183
6.4 冷链故障情景模拟与分析 …… 187
6.5 冷藏物流业务流程 …… 193

项目 7 冷链物流运营综合实训 …… 196
7.1 实训目的 …… 196
7.2 实训条件及要求 …… 196
7.3 实训相关知识 …… 196
7.4 实训内容 …… 197
7.4.1 实训项目背景 …… 197
7.4.2 物流部部门职责 …… 197
7.4.3 物流管理与冷库规划 …… 197
7.4.4 冷库操作实务 …… 198
7.4.5 库存金额的计算 …… 204
7.4.6 入库前预冷与包装 …… 205
7.4.7 冷库管理 …… 205
7.4.8 仓储管理信息化 …… 207
7.4.9 冷藏运输 …… 207
7.4.10 突发事件处理 …… 213
7.4.11 实训总结 …… 213

参考文献 …… 214

预备知识

冷链物流实验实训大纲

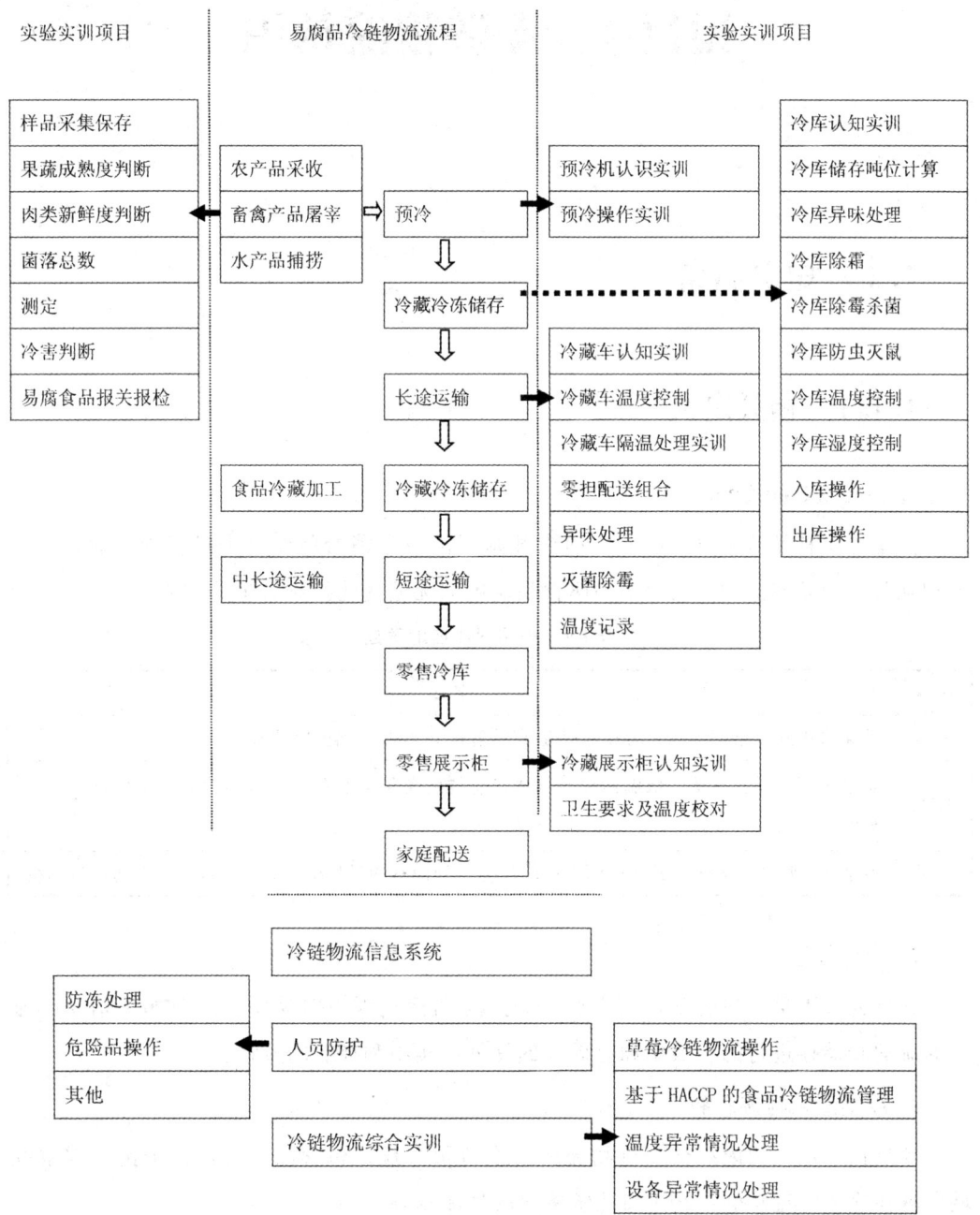

项目 1　冷链物流认识

1.1　知识储备

1.1.1　相关定义

1. 冷链（Cold Chain）

其是易腐食品从采收、屠宰或捕捞开始至消费者消费前的整个过程中，通过一系列相互关联的处理流程，获得对易腐食品温度的无缝优化控制管理的过程。

表 1-1　各国对冷链的表述

国家	定义
美国	贯穿农田到餐桌的连续过程中维持适宜的温度，以抑制细菌的生长
日本	通过采用冷冻、冷藏、低温储存等方法，使鲜活食品与原料保持新鲜状态，由生产者流通至消费者的系统
中国	根据物品特性，为保持其品质而采用的从生产到消费的过程中始终处于低温状态的物流网络

2. 冷链管理

其是为了满足客户需求，从生产、分配至消费过程中对易腐食品及相关信息和服务的流动和储存进行的有效率和有效果的计划、实施和控制的过程。

3. 冷链潜在物流总额

其是在一定时间内社会冷链物流的潜在价值总额。包含两个方面：①进入需求领域的潜在冷链物流总额；②进口冷链货物的物流总额。

4. 细分行业冷链潜在物流总额

其是指在一定时间内，由相关生产部门提供，进入需求领域，从供应地向接受地实体流动，需要冷链配送的细分行业产品价值总额。

5. 断链（Broken Chainage）

易腐食品从采收到消费过程中经过预冷、冷藏运输、低温储存、低温销售等各个环节或环节的衔接处出现温度控制不当或高温现象称为断链。

1.1.2 周边易腐食品种类及储存方法调查

1. 实训目的

(1) 了解食品的种类、分类方法。
(2) 掌握常见食品的保藏及销售形式。
(3) 了解冷藏对食品品质的保护作用。

2. 实训方式

(1) 案例分析：讨论苏轼《惠州一绝》中长安人能吃到岭南荔枝的原因。
(2) 列举常见食品的种类及保藏方法并进行讨论，了解延长食品保质期的主要措施。

3. 实训环节与对应能力训练

要求：能够准确调查各食品货物的特性（产地、营养特点、价格、储存方式、运输方式、销售方式等）；能够认识易腐食品不同储存方式对货架期（保质期）的影响；能够说明各类易腐食品的运输形式和设备；能够通过各种手段收集相关资料；语言表达清晰准确；有较好的团队精神。

1.2 冷链物流流程认知

1.2.1 知识储备

表 1-2 冷链物流各子系统的主要职能

冷链物流子系统	职能	涉及主要技术、设备
预冷子系统	去除呼吸热，降低呼吸作用，快速使易腐食品降低至合适温度	冷冻设备、速冻装置
冷链运输子系统	将冷链产品从发货方送到收货方	铁路冷藏车、冷藏汽车、冷藏船、冷藏集装箱
冷链仓储子系统	冷链商品的储存、保管	各类冷藏库、冷藏柜、冻结柜
冷链装卸搬运子系统	冷链商品在物流节点上的装卸搬运	冷藏库
冷链包装加工子系统	冷链商品的包装、加工	冷藏库、冷却冻结和速冻装置

续表

冷链物流子系统	职能	涉及主要技术、设备
冷链配送子系统	运输支线上的选、配、送货	冷藏车、集装箱
冷链信息子系统	物流系统的神经中枢和指挥中心，各子系统间的高度衔接和配合	条形码、无线射频认证、GPS、GIS、温湿度红外遥感、MIS、DSS

1.2.2 新疆香梨冷链物流过程分析

1. 实训目的

在网上收集资料，根据在课堂所学的食品冷链相关知识，了解和掌握：新疆香梨的品质特性及储存特性；影响新疆香梨保质期的因素；如何通过冷链增加香梨的保质期及商品价值。

2. 案例导入

新疆水果甘美、天然，但劣势同样明显，如远离国内主要市场、运输途中损失大等，这无疑增加了"疆果东送"的成本。因此，搭建适合水果的全程冷链运输体系，成为香梨能否成功进京的关键。

每年9月收获的库尔勒香梨，在中秋节之前只销售20%左右，春节期间销售50%左右，剩下的30%在春节后销售。可以这么说，产于秋季的库尔勒香梨，大约有80%出现在冬春市场进行反季节销售。销售周期之所以这么长，主要得益于库尔勒香梨成熟的冷链系统。

20世纪90年代后期，随着种植规模的不断扩大，尤其是盛果期梨树的逐年增多，库尔勒香梨的年产量猛增到几十万吨（2012年产量达50万吨左右）。由于上市过于集中，每千克香梨的产地售价一度跌至四五角钱，个别种植户的香梨甚至无人收购。

2000年，库尔勒当地一位干练的果品经销商楚元新，凭借自己从事果品20年的丰富经验，决定成立专营水果冷链业的新疆拓普农产品有限公司。楚元新投入近4000万元，建造了当时全国最大、储量达7600吨的果品保鲜库，专门储存库尔勒出产的香梨，把香梨的销售周期从2个月延长到12个月以上。

3. 实训内容

冷链是指易腐食品从产地收购或捕捞之后，产品加工、贮存、运输、分销和零售等各个环节始终处于产品所必需的低温环境下，以保证食品质量安全，减少损耗，防止污染的特殊供应链系统。

食品冷链由冷藏加工、冷冻储存、冷冻运输及配送、冷冻销售四个方面构成。

（1）冷藏加工：包括肉禽类、鱼类和蛋类的冷却与冻结以及在低温状态下的加工作业过程,也包括果蔬的预冷及各种速冻食品和奶制品的低温加工等。在这个环节上主要涉及的冷链装备有冷却、冻结装置和速冻装置。

(2) 冷藏储存:包括食品的冷却储藏和冻结储藏以及水果蔬菜等食品的气调贮藏,它是保证食品在储存和加工过程中的低温保鲜环境。在此环节主要涉及各类冷藏库/加工间、冷藏柜、冻结柜及家用冰箱等。

(3) 冷藏运输:包括食品的中、长途运输及短途配送等物流环节的低温状态。它主要涉及铁路冷藏车、冷藏汽车、冷藏船、冷藏集装箱等低温运输工具。在冷藏运输过程中,温度波动是引起食品品质下降的主要原因之一,所以运输工具应具有良好性能,在保持规定低温的同时,更要保持稳定的温度,远途运输尤其重要。

(4) 冷藏销售:包括各种冷链食品进入批发零售环节的冷冻储藏和销售,它由生产厂家、批发商和零售商共同完成。随着大中城市各类连锁超市的快速发展,各种连锁超市正在成为冷链食品的主要销售渠道,在这些零售终端中,大量使用了冷藏/冻陈列柜和储藏库,由此逐渐成为完整的食品冷链中不可或缺的重要环节。

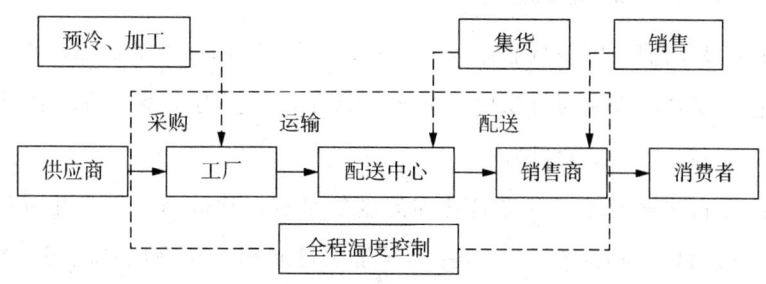

图 1-1 农产品冷链物流流程示意图

4. 实训方法流程

通过查阅文献资料,分析冷链物流过程中冷藏加工、冷冻储存、冷冻运输及配送、冷冻销售四个主要环节的功能及其在冷链供应链过程中的地位等。

分析步骤:

(1) 新疆香梨冷链物流现状分析。

(2) 2000 年以前对新疆香梨物理问题的识别与整理。

(3) 2000 年后对新疆香梨物流问题的解决方案。

(4) 新疆香梨冷链物流的实施及控制。

(5) 撰写分析报告。

5. 实训要求

通过收集的资料信息,总结分析,完成实训报告,语言精练,不超过100字。

项目 2　易腐产品知识

2.1　易腐产品基础知识

2.1.1　易腐产品相关定义

1. 易腐食品（Perishable Foods）

中华人民共和国国内贸易行业标准 SB/T 10731—2012《易腐食品冷藏链操作规范（畜禽肉）》把易腐食品定义为容易腐烂变质的食品，包括肉、蛋、奶、水产品、水果、蔬菜及冷饮、豆制品、速冻食品等。

易腐食品在自然温度环境下受温度和湿度的影响，存放时容易发生动物性食物的死亡或变质，植物性食物的腐烂、霉变等异常质量问题。动物性食品包含虾、蟹、沙蚕、活/冻贝、鲜鱼类，畜禽肉类及加工后的食品；植物性食物包含花卉、水果、蔬菜类，菌类及速冻面食、蛋乳制品等。

2. 鲜活易腐物品

鲜活易腐物品是指在一般运输条件下易于死亡或变质腐烂的物品。如虾、蟹、沙蚕、活冻贝、鲜鱼类，肉类，花卉、水果、蔬菜类，菌类，蚕种，乳制品，冰冻食品。此类货物在运输和保管过程中需采取特别的措施，保持一定湿度、温度等，以保证其鲜活或不变质。

3. 易腐作物

易腐烂变质的农产品，称为易腐作物。生鲜农产品都属于生鲜易腐产品，商品寿命期短，保鲜困难。

4. 易腐商品（Perishable Commodities）

商品经过一段时间后会出现变质或过时的现象，这类商品就是易腐商品。例如，鲜菜、面包、时装等。

5. 鲜活易腐货物

鲜活易腐货物是指在运输过程中，需要采取一定措施，以防止死亡和腐烂变质的货物。公路运输的鲜活易腐货物主要有鲜鱼虾、鲜肉、瓜果、蔬菜、牲畜、观赏野生动物、花木秧苗、蜜蜂等。铁路运输的鲜活易腐货物主要有肉及某些肉制品、鱼及某些鱼制品、奶及某些奶制品、蛋及某些蛋制品、油脂、水果和蔬菜、酵母、水、鲜活植物、部分罐头食品等。

鲜活易腐货物分为易腐货物和活动物两大类，其中占比例最大的是易腐货物。易腐货物是指在一般条件下保管和运输时，极易受到外界温度及湿度的影响而腐坏变质的货物。易腐货物主要包括肉、鱼、蛋、水果、蔬菜、冰鲜活植物等，活动物包括禽、畜、兽、蜜蜂、活鱼等。

6. 冷藏食品（Refrigerated Foods）

在物流过程中，中心温度始终维持在8℃以下、冻结点以上，并最大程度保持原有品质和新鲜度的食品称为冷藏食品。

7. 冷冻食品（Frozen Foods）

指以一种或一种以上的可食用农、畜、禽、水产品等为主要原料，经预处理、速冻、包装等工序，在－18℃以下贮运与销售的食品。

表 2-1 冷链品类供需情况

产品类型	总消费量	冷链消费量	冷链消费品种	季节性	市场集中度	地理集中度	适用运输方式
猪	6600万吨	2000万吨	冷鲜肉、冻肉	冬季为旺季	集中度较低	散养为主，消费也分散	冷鲜肉（公路），冻肉（公路、铁路）
鸡	1200万吨	约700万吨	白鸡	冬季为旺季	集中度较低	山东产量偏大，全国集中度较低，消费则较分散	公路、铁路
水产品	5120万吨	约580万吨	冷冻水产品	冬季为旺季	集中度低	基本产于沿海，山东、辽宁、浙江三省是主要产区，消费也是从东部沿海区往内陆递减	公路

续表

产品类型	总消费量	冷链消费量	冷链消费品种	季节性	市场集中度	地理集中度	适用运输方式
水果	19200万吨	1000万吨	冷鲜水果	夏季为旺季	集中度低	非常分散	公路
蔬菜	60200万吨	3000万吨	冷鲜蔬菜	夏季为旺季	集中度低	非常分散	公路
速冻面食	247.7万吨	247.7万吨	速冻面食	冬季为旺季	集中度较高，大小企业共分天下	较分散，全国布点多	公路、铁路
奶类	3781.5万吨	1200万吨	巴氏奶	春冬季为旺季	生产集中度低，加工集中度较高	南少北多，且南方需求较大	公路

2.1.2 易腐食品防腐方法

防腐法的主要原理是抑制有害微生物的生命活动或使细菌霉菌全部被杀死。一般采用的防腐法有高温处理、干制、熏制、盐渍或糖渍以及冷藏处理等几种。常见食品保鲜方式比较见表2-2。

表2-2 常见食品保鲜方式比较

食品保鲜方式	优点	缺点
冷藏冷冻	适用于大多数食品、农产品等易腐食品；不额外添加化学成分；可以和其他措施结合使用	物流要求高，全环节不能断链；成本较高
加热灭菌	适合熟食、牛奶等	需要和冷藏、化学防腐等其他保鲜方式结合
高渗透压（盐、糖）	操作相对简单	仅适用于少数几种食品
化学防腐	适用于大多数食品、农产品等易腐食品；多数添加剂成本低	可能存在消费者抵触情绪
辐射保存	快速，灭菌性强，保存食品外观及质地较好	可能存在消费者抵触情绪

2.2 常见易腐食品调查

2.2.1 知识储备

为使产品的市场流通寿命或货架期达到最大化，追求更高的品质和经济效益，很多产品通过冷链来实现其加工运输、储存、销售乃至消费等环节。一般需要冷链物流的产品包括水果、蔬菜、肉类及制品、乳制品、禽蛋类、水产品、速冻食品、油脂、饮品、糖果、花卉产品、保健品、药品、生物制品及其他装饰用品等（见表2-3），在所有冷链货物中易腐食品所占比例最大（见图2-1）。

表2-3 冷链物流的适用范围

初级农产品	加工食品	特殊商品
水果、蔬菜；	速冻食品；	药品；
肉、禽、蛋；	禽、肉、水产等包装熟食；	生物供体；
水产品；	冰激凌和奶制品；	血液；
花卉产品	快餐原料	……

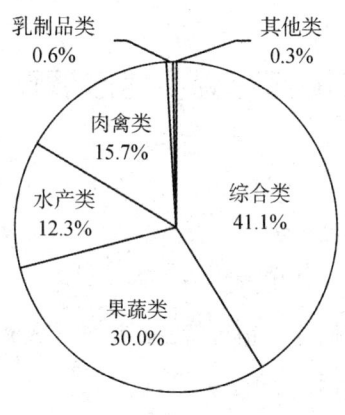

图2-1 中国冷库储藏商品品类所占比例（2010）

表 2-4 冷链物流产品分类

冷链产品	超冷链产品（−50℃）	冷冻温度（−18℃±3℃）	冰温温度（−2℃~2℃）	冷藏温度（0℃~7℃）	普通温度（超过7℃）
水果			草莓	葡萄、梨、樱桃等大多数水果	香蕉、柠檬、菠萝
蔬菜				菠菜、芦笋、南瓜等大部分蔬菜	辣椒、黄瓜、未成熟番茄、马铃薯
奶类及乳制品		冰激凌、雪糕、冰棍、雪泥		巴氏奶、酸奶	常温牛奶
速冻食品		基本所有速冻食品			
水产品	生鱼片	多数水产品			
肉类		牛、羊、兔、禽肉			
蛋类		冰蛋		鲜蛋	
医药品		疫苗、注射剂、生物药品			

2.2.2 常见易腐食品储存温度信息调查

1. 实训目的

（1）了解周边地区易腐食品的种类。

（2）掌握食品中心温度计的使用方法。

（3）通过调查周边食品的储存、销售特性了解常见易腐食品的特点。

（4）增加对冷链物流的认识。

2. 实训工具

温度计（红外线温度计或中心温度计详见3.1）、常见食物图谱、纸、笔。

3. 操作流程

（1）做好调查前的准备工作。

了解周边主要农贸市场和超市的分布；

了解市场上主要易腐食品的种类及储存、销售温度；

准备好易腐食品储存销售条件调查表；

与调查单位预约调查时间和地点。

（2）进行调查。

按预约时间收集农贸市场或超市易腐食品的种类的相关资料；

根据实际情况进行询问调查或直接观察调查；

采用食品中心温度计对食品的储存和销售温度进行测量；

填写调查表；

撰写调查报告。

4. 注意事项

（1）调查者必须明确调查目的，语言表达能力强，具有熟练的温度检测技能及诚恳的态度，在调查过程中要善于沟通，举止文明、大方。

（2）调查时应佩戴或携带有效证件，遵守预约时间并尊重调查单位或对象的规定。

（3）详细询问易腐食品的名称、产地、储存方式、运输方式、保质期、销售温度等信息（见表2-5、表2-6），必要时可以用红外线温度计或中心温度计进行测量。

（4）易腐食品的名称要准确，避免使用地方名称，可以以食品图谱进行校准。

（5）访谈调查要控制时间，以准确、有效完成信息调查为依据，时间一般控制在1小时内，必要时可以收集采购信息表、出货或发货单等进行完善。

表 2-5 常见易腐食品储存销售条件调查表

地点：_____ 调查人：_____ 调查时间：_____ 备注：_____

序号	食品名称	产地	储存方式	销售方式	运输方式	储存温度	销售温度	生产日期	保质期

易腐食品储存销售条件调查报告参考格式如下。

×××××学校周边地区易腐食品储存、销售温度情况调查

（宋体，三号，加粗）

引言

（以简单扼要的文字对本次调查起因、意义或报告的主要内容进行说明）

（宋体：小四号，行距：1.5倍行间距）

调查的主要内容

调查时间：

调查地点：

调查对象：

调查方法：

调查人员或小组：

调查分工：

（格式同上）

调查正文

1. 前言

2. 主题

3. 结尾

（格式同上）

附件

《易腐食品储存销售条件调查表》

表2-6　易腐食品储存温度一览表

序号	食品名称	含水量(%)	冷结点(℃)	比热 高于冰点时	比热 低于冰点时	冻结潜热(×4.1868 kJ/kg)	贮藏容积(m³/t)	贮藏温度(℃)	贮藏相对温度(%)	贮藏期(天)
1	苹果	85	−2	0.92	0.5	67	7.5	−1～1	85～90	(2～70)
2	苹果汁		−1.7				7.5	4.5	85	(3)
3	杏子	85.4	−2	0.88	0.46	68	7.5	−0.5～1.6	78～85	7～14
4	杏子汁						7.5	0.5	75	(6)
5	龙须菜	94	−2	0.93	0.46	75	7.5	0～2	85～90	21～28

续表

序号	食品名称	含水量(%)	冷结点(℃)	比热 高于冰点时	比热 低于冰点时	冻结潜热(×4.1868 kJ/kg)	贮藏容积(m³/t)	贮藏温度(℃)	贮藏相对温度(%)	贮藏期(天)
6	咸肉（初腌）	39	−1.7	0.51	0.32	31.2	9.4	−23～10	90～95	(4～6)
7	腊肉（熏制）	13～29		0.30～0.43	0.42～0.29	10～22		15～18	60～65	8～16
8	香蕉	75	−1.7	0.8	0.42	60	15.6	11.7	85	14
9	干蚕豆	13	−1.7	0.8	0.24	10	7.5	0.7	70	(6)
10	扁豆	89		0.92	0.47	71		1～7.5	85～90	8～10
11	甜菜	72	−2	0.77	0.41	58		0～1.5	88～92	7～42
12	啤酒	89～91	−2	0.9	0.45	72	6.2～10.6	0～5		(6)
13	洋白菜	85		0.92	0.47	68		0～1.5	90～95	21～28
14	黄油	14～15	−2.2	0.55	0.34	47	5	−10～1	75～80	(6)
15	卷心菜	91	−0.5	0.93	0.47	7.3	15.6	0～1	85～90	(1～3)
16	胡萝卜	83	−1.7	0.87	0.45	66		0～1	80～95	(2～5)
17	芹菜	94	−1.2	0.95	0.46	75	9.4	−0.6～0	90～95	(2～4)
18	干酪	46～53	−2.2 −10	0.64	0.35	40	5	−1.0～105	65～75	(3～10)
19	樱桃	82	−4.5	0.87	0.46	66	15.6	0.5～1	80	7～21
20	栗子						12.6	0.5	75	(3)
21	巧克力	1.6		0.76	0.75		5.6	4.5	75	(6)
22	奶油	59		0.68		46	7.5	0～2	80	7
23	黄瓜	96.4	−0.8	0.97	0.49	76	7.5	2～7	75～80	10～14
24	葡萄干	85	−1.1	0.77	0.45	67	9.4	0	75～80	14
25	椰子	83	−2.8	0.82			7.5	4.5	75	(12)
26	鲜蛋	70	−2.2	0.76	0.4	54		−10～0.5	80～85	(8)
27	蛋粉	6		0.25	0.21	5	6.9	2	极小	9
28	鲜鱼	73	−1～2	0.82	0.43	58	12.5	−0.5～4	90～95	7～14
29	干鱼	45		0.56	0.34	36	7.5	−9～0	75～80	(3)
30	冻鱼						8.1	−20～−12	90～95	(8～10)
31	苹果	30		0.42	0.27	24		0～5	70	(6～18)

续表

序号	食品名称	含水量(%)	冷结点(℃)	比热 高于冰点时	比热 低于冰点时	冻结潜热(×4.1868 kJ/kg)	贮藏容积(m³/t)	贮藏温度(℃)	贮藏相对温度(%)	贮藏期(天)
32	冻水鱼							−23~−15	80~90	(6~12)
33	干大蒜	74	−4	0.79	0.42	59		0~1	75~80	(6~8)
34	谷类							−10~2	70	(3~12)
35	葡萄	82	−4	0.85	0.44	65	9.4	−1~3	85~90	(1~4)
36	火腿	47~54	−2.2~−1.7	0.58~0.63	0.34~0.36	40		0~1	85~90	(7~12)
37	冻火腿							−24~−18	90~95	(6~8)
38	冰淇淋	67		0.78	0.45	52	18.7	−30~−20	85	14~84
39	果酱	36		0.48			8.1	1	75	(6)
40	人造奶粉	17~18		0.8		30	5	0.5	80	(6)
41	牡蛎	80	−2.2	0.84	0.44	64		0	90	(20)
42	猪头	46		0.54	0.31	37	5	−18	90	(12)
43	韭菜	88.2	−1.4	0.9	0.46	70		0	85~90	(1~3)
44	柠檬	89	−2.1	0.92	0.46	71	9.4	5~10	85~90	(2)
45	莴苣	94.8	−0.3	0.96	0.48	76		0~1	85~90	(1~2)
46	对虾	76		0.81				−7	80	(1)
47	玉米	73.9	−0.8	0.79	0.42	59		−0.5~1.5	80~85	7~28
48	柑橘	86	−2.2	0.87			9.4	1~2	75~80	(1~3)
49	甜瓜	92.7	−1.7	0.94	0.48	73		2~7	80~90	(7~56)
50	牛奶	87	−2.8	0.9	0.46	69	7.5	0~2	80~95	7
51	奶粉							0~1.5	75~80	(1~6)
52	羊肉	60~70	−1.7					0	80	10
53	冻羊肉						6.2	−12~−18	80~85	(3~8)
54	干坚果	3~6	−7	0.22~0.25	0.21~0.22	2.4~4.4	12.5	0.2	65~75	(8~12)
55	菜油	14.4~15						1~12		(6~12)
56	洋葱	87.5	−1	0.99	0.46	69	9.4	1.5	80	(3)
57	橘子	90	−2.2	0.9	0.46	69	9.4	0~1.2	85~90	56~70
58	桃子	96.9	−1.5	0.9	0.46	69	7.5	−0.5~1	80~85	14~28
59	梨	83	−2	0.9	0.46	67	7.5	0.5~1.5	85~90	(1~6)
60	梨干	10		0.28	0.42	77	7.5	0.5	75	(6)

续表

序号	食品名称	含水量(%)	冷结点(℃)	比热 高于冰点时	比热 低于冰点时	冻结潜热(×4.1868 kJ/kg)	贮藏容积(m³/t)	贮藏温度℃	贮藏相对温度(%)	贮藏期(天)
61	青豆豌豆	74	−1.1	0.79	0.22	59	8.1	0	80~90	(7~21)
62	干豆豌豆						7.5	0.5	75	(6)
63	青菠萝		−1.5				8.1	10~16	85~90	14~28
64	菠萝	85.3	−1.2	0.88	0.45	68	8.1	4~12	85~90	14~28
65	李子	86	−2.2	0.88	0.45	68	8.1	−4~0	80~95	21~56
66	猪肉	35~42	−2.2 −1.7	0.48 −0.54	0.30~0.32	30		0~1.2	85~90	3~10
67	冻猪肉							−24~−18	85~95	(2~8)
68	土豆	77.8	−1.8	0.82	0.43	62	12.5	3~6	85~90	(6)
69	生鲜家禽	74	−1.7	0.8	0.43	59	6.2	0	80	7
70	冻家禽	60		0.68			6.2	−30~−10	80	(3~12)
71	南瓜	90.5	−1	0.92	0.47	72		0~3	80~85	(2~3)
72	兔肉	60	−1.7	0.8				0~1	80~90	5~10
73	冻兔肉	60		0.68			6.9	−24~−12	80~90	(6)
74	萝卜	93.6	−2.2	0.95	0.48	74	8.1	0~1	85~95	14
75	米	1.0	−1.7	0.26			7.5	105	65	(6)
76	腊肠							−4~5	85~90	7~21
77	菠菜	92.7	−0.9	0.94	0.48	73		0~1	90	10~14
78	杨梅	90	1.3	0.92	0.47	72		−0.5~1.5	75~85	7~10
79	糖	0.5		0.2	0.2	40		7~10	低于60	(12~36)
80	(听装)糖汁	36	2.2	0.64			6.2	1	80	42
81	生西红柿	94	−0.9	0.95	0.48	74		10~20	85~90	21~28
82	西红柿	94	−0.9	0.95	0.48	74		1~5	85~90	7~12
83	大头菜	90.9	−0.9	0.93	0.47	72	8.1	0~1	90	(1~4)
84	西瓜	92.1	−1.6	0.97	0.48	72		2~4	75~85	14~21
85	葡萄酒						7.5	10	85	(6)
86	蛋黄粉				0.25	5		1.5	极小	(6)

2.3 食品样品的采集与保存

2.3.1 知识储备

样品采集（Sample Collection）通常简称采样，是一种取样的方式，是一种科学的研究方法。

2.3.2 食品检验样品的采集与保存实验

1. 实验目的

掌握苹果、青菜、大米、大排等几种食品原料类型的采集和保存方法；了解采样的注意事项。

2. 实验原理

采样原理：采样是指从整批被检食品中抽取一部分有代表性的样品，供分析化验用。采样是食品分析的首项工作和重要环节。同一类的食品成品由于品种、产地、成熟期、加工或保藏条件不同，其成分及其含量有相当大的差异。同一分析对象，不同部位的成分和含量也可能有较大差异。因此，必须掌握科学的采样和保存技术。否则，即使以后的样品处理、检测等一系列环节非常符合标准，也很难得出准确的检测结果。

3. 仪器及材料

仪器：多功能组织粉碎机、刀具若干、80目筛、精密天平。

材料：苹果、青菜、大米、大排。

4. 实验步骤

1) 苹果的取样

随机选取3只苹果→清洗→沿生长轴按四分法切→取对角2块→加入相同质量的水→组织粉碎机粉碎（长刀）→转移至干净容器→待测

2) 青菜的取样

随机选取3颗青菜→清洗→沿生长轴按四分法切→取对角2块→组织粉碎机粉碎（长刀）→转移至干净容器→待测

3) 大米的取样与保存

取一定量的大米→按四分法取样→组织粉碎机粉碎（短刀）→过80目筛→转移至干净容器→装入铝盒保藏→待测

4）大排的取样

取一定量的大排→去骨去筋→按四分法取样→组织粉碎机粉碎（长刀）→转移至干净容器→待测

制备好的试样应该一式三份，供检验、复验和备查用，每份不得少于5g。采样时除注意样品代表性外，还应认真填写采样记录，写明样品的生产日期、批号、采样条件、包装情况等以及样品的起运日期、来源地点、数量、厂方化验情况、品质，并填写检验项目、检验人、采样时间。

5. 注意事项

（1）采样工具应该清洁，不应将任何有害物质带入样品中。

（2）样品在检测前，不要受到污染、发生变化。

（3）样品抽取后，应迅速送检测室进行分析。

（4）在感官性质上差别很大的食品不允许混在一起，要分开包装，并注明其性质。

（5）盛样容器可根据要求选用硬质玻璃或聚乙烯制品，容器上要贴上标签，并做好标记。

6. 样品保存

样品采集后应于当天分析，以防止其中水分或挥发性物质的散失以及待测组分含量的变化。如不能马上分析则应妥善保存，不能使样品出现受潮、挥发、风干、变质等现象，以保证测定结果的准确性。

制备好的平均样品应装在洁净、密封的容器内（最好用玻璃瓶，切忌使用带橡皮垫的容器），必要时储存于避光处，容易失去水分的样品应先取样测定水分。

样品保存的主要方法：放在密封洁净的容器内；置于阴暗处保存；低温冷藏；加入适量不影响分析结果的稳定剂或防腐剂。

7. 实验结果及分析

（1）苹果的取样物成黄色悬浊液，有大量絮状悬浮物。

（2）青菜取样为绿色黏稠状物，含一定量水分，放入洁净玻璃皿中保存，放入恒温箱保藏。

（3）大米取样为白色粉状固体，放入洁净铝盒保存，放入恒温箱保藏。

（4）大排取样为浅黄色悬浊液。

（5）实验所有取样符合要求，保存方式得当。

2.4 果蔬成熟度的判断

2.4.1 知识储备

1. 成熟（Mature）

在果实生长发育的最后阶段，果实充分长大，充分累积养分，完全发育达到生理成熟。

2. 成熟度（Degree of Ripe）

果蔬发育到可食用的适当成熟程度。

3. 完熟（Ripening）

果实在成熟的后期，果实内发生一系列急剧的生理生化变化，果实表现出特有的颜色、风味、质地，色、香、味均达到最适食用的阶段，是果实由成熟向衰老的转折点。

2.4.2 苹果成熟度的判断

1. 实验原理

在生长季节苹果果实内积累淀粉，而在成熟过程中，淀粉逐渐水解为糖。水解首先发生在果心区域，随着果实的成熟，逐渐向外扩展。果实切面的淀粉可与碘反应生成特有的蓝黑色图形，而糖与碘不发生反应。根据此特性，在果实生长发育后期的一定阶段，用横切面染色深度与标准染色图谱相互比较，并结合其他衡量因子，能准确、可靠地确定果实成熟度和适宜的采收期。

2. 实验材料试剂与用具

不同成熟度的苹果 5~10 个、托盘天平、500mL 烧杯、培养皿 5 个、不锈钢刀、碘化钾、碘、蒸馏水。

3. 实验步骤

先用天平称取 2g 碘化钾、0.5g 碘，将其混合后溶于烧杯的蒸馏水中到 500mL，即成碘－碘化钾染色液。取染色液少许放入培养皿中待用。用不锈钢刀将苹果横切成两半，迅速将切面进入染色液中，片刻后取出，观察切面的变化情况。

（1）若切面呈深蓝紫色，着色面积比较大，表明此时果肉淀粉含量较高，尚未成熟，不宜采收。

（2）若切面色泽较浅，且着色面积较小，说明此时果肉中的大部分淀粉已转化为糖，采收已为时过晚，过时则不耐久藏。

（3）若切面着色面积为1/3～1/2，介于成熟和不成熟之间，说明近半数淀粉转化成糖，成熟适中，这时是最适采收期。

4. 分析讨论

此实验要在苹果的不同成熟期逐次进行，才能得出理想的结果，不能只做一次实验就下定论。每次实验要多选用几只苹果，这样实验误差较小，才能准确判断苹果的成熟度和最佳采收期。

2.5 呼吸强度的测定

2.5.1 知识储备

1. 呼吸作用（Respiration）

植物在酶的作用下缓慢氧化的过程，是植物的主要代谢过程。原理是生物内的有机物（如淀粉、糖、有机酸）分解后转化为简单的化合物（如二氧化碳和水）。

2. 呼吸强度（Respiration Rate）

其是植物体新陈代谢强弱的一个重要指标，它是指单位面积或单位重量的植物体，在单位时间内所吸收的氧或释放的二氧化碳量或损失的干重，呼吸强度单位：$CO_2 mL/(h·kg)$。

3. 呼吸跃变（Respiratory Climacteric）

有些果蔬在生长发育过程中呼吸强度不断下降，达到一个最低点；而有些果蔬成熟过程中，呼吸强度又急速上升直至最高点，随果实衰老再次下降。果实呼吸的这种变化即为"呼吸跃变"。

4. 跃变型水果（Climacteric Fruits）

具有呼吸跃变特性的水果称为跃变型水果。属于跃变型水果的有苹果、梨、香蕉、番茄、芒果、网纹甜瓜等。

5. 非跃变型水果（Non-climacteric Fruits）

不具有呼吸跃变特性的水果，即采收后，呼吸强度持续缓慢下降，不表现有暂时上升现象，称为非跃变型水果。属于非跃变型水果有柑橘、葡萄、菠萝等。

2.5.2 呼吸强度的测定（气流法）

1. 目的与原理

呼吸作用是农产品收获后进行的重要生理活动，是影响贮运效果的重要因素。测定呼吸强度可衡量呼吸作用强弱，了解农产品收获后生理状态，为低温和气调贮运以及呼吸热计算提供必要的数据。因此，在研究或处理农产品贮藏问题时，呼吸强度是经常测定的指标。

呼吸强度的测定通常是采用定量碱液吸收农产品在一定时间内呼吸所释放出来的二氧化碳，再用酸滴定剩余的碱，即可计算出呼吸所释放出来的二氧化碳量，求出其呼吸强度。单位通常用每千克每小时释放二氧化碳毫克数 $[CO_2 mg/(kg \cdot h)]$ 表示。反应如下：

$$2NaOH + CO_2 \longrightarrow Na_2CO_3 + H_2O$$

$$Na_2CO_3 + BaCl_2 \longrightarrow BaCO_3 + 2NaCl$$

$$2NaOH + H_2C_2O_4 \longrightarrow Na_2C_2O_4 + 2H_2O$$

测定分为静置法和气流法两种。静置法的仪器、用具材料简单，测量的准确性一般，气流法虽然设备较复杂，但结果准确，在科研和生产中比较常用。气流法的测定装置如图 2-2。

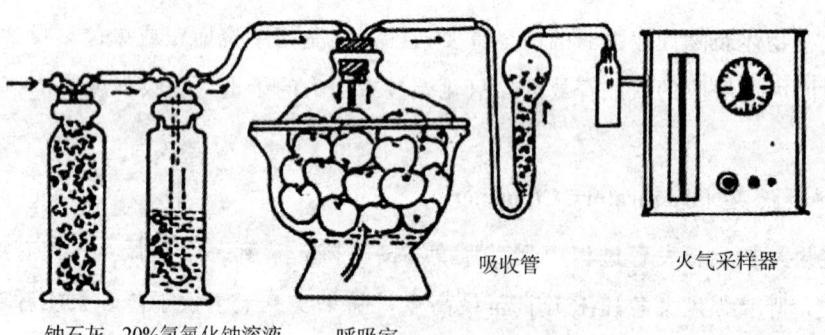

图 2-2 气流法测定呼吸强度装置

2. 材料与用具

苹果、梨、柑橘、番茄、马铃薯、青菜。

钠石灰、20％氢氧化钠溶液、0.4mol/L 氢氧化钠溶液、0.1mol/L 草酸、饱和氯化钡溶液、酚酞指示剂、正丁醇、凡士林。

真空干燥器、大气采样器、吸收管、真空泵、滴定管架、铁夹、25mL 滴定管、150mL 三角瓶、500mL 烧杯、10mL 移液管、洗耳球、100mL 容量瓶、万用试纸、台秤。

3. 操作方法

气流法的特点是产品在气流畅通的环境中进行呼吸，比较接近自然状态。因此，可以在恒定的条件下进行较长时间的多次连续测定。测定时使不含二氧化碳的气流通过呼吸室，将产品呼吸时释放的二氧化碳带入吸收管，被管中定量的碱液吸收。经过一段时间的吸收后，取出碱液，用酸滴定剩余的碱液，由碱量差值计算出二氧化碳量。

（1）按图 2-2（暂不串接吸收管）连接好大气采样器，同时检查确保其不漏气。开动大气采样器中的空气泵，如果在装有 20％氢氧化钠溶液的净化瓶中不断有气泡产生，说明整个系统气密性良好，否则应检查各接口是否漏气。

（2）用台秤称取材料 1kg，放入呼吸室，先将呼吸室与安全瓶连接，拨动开关，将空气流量调至 400mL/min 左右，将定时钟旋钮按反时钟方向转到 30min 处，先使呼吸室抽空平衡半小时，然后连接吸收管开始正式测定。

（3）空白滴定用移液管吸收 0.4mol/L 的氢氧化钠溶液 10mL，放入一支吸收管中，加一滴正丁醇，稍加摇后再将其中的碱液毫无损失地移到三角瓶中，用煮沸过的蒸馏水冲洗几次，直到显中性为止，加饱和氯化钡溶液 5mL 和酚酞指示剂 2 滴，然后用 0.1mol/L 草酸滴定至粉红色消失即为终点。记下滴定量，重复一次，取平均值，即为空白滴定量（V_1）。如果两次滴定相差超过 0.1mL，必须重新滴定一次，同时取一支吸收管装好同量碱液和一滴正丁醇，放在大气采样器的管架上备用。

（4）当呼吸室抽空半小时后，立即接上吸收管，把定时针重转到 30min 处，调整流量大约 400mL/min。待样品测定半小时后，取下吸收管，将碱液移入三角瓶中，加饱和氯化钡溶液 5mL 和酚酞指示剂 2 滴，用 0.1mol/L 草酸滴定，操作同空白滴定，记下滴定量（V_2）。

计算公式：

$$呼吸强度\ [CO_2\ mg/(kg·h)] = \frac{M(V_1-V_2) \times 44}{wh}$$

式中，M：$H_2C_2O_4$ 摩尔浓度（mol/L）；

      W：样品重量（kg）；

      h：测定时间（h）；

      V_1：空白滴定量（mL）；

      V_2：样液滴定量（mL）；

      44：CO_2 的毫克数。

4. 记录与计算

（1）将测定数据填入表 2-7。

表 2-7 呼吸强度实验登记表

样品重 (kg)	测定时间 (h)	0.1M 草酸用量（mL）		滴定差 V_1-V_2	呼吸强度 CO_2 mL/(kg·h)	测定温度 (℃)
		空白 (V_1)	样液 (V_2)			

（2）列出计算式计算结果并讨论。

2.6 乙烯吸收剂的制作及其保鲜效果实验

1. 实验目的

果蔬在代谢过程中产生的植物激素——乙烯，是带有甜香味的无色气体，它有增加果蔬呼吸和促进后熟、衰老的作用，能降解叶绿素使果蔬颜色变黄。在果蔬贮藏保鲜中，乙烯属于有害气体，只要有千分之一的低浓度乙烯存在，就足以诱发果蔬的成熟。而且成熟的果蔬又会放出乙烯而诱发其他果蔬的成熟。果蔬一旦成熟其品质状况就会日趋衰败。因此，果蔬贮藏过程中放出的微量乙烯是导致果蔬衰败和影响贮藏寿命的关键。

通过本次实验，要求学生掌握乙烯吸收剂的制作方法，并比较两种或两种以上吸收剂的使用效果。

2. 基本原理

利用活性炭有极强的吸附能力对乙烯进行吸附分离、沸石具有多孔的特殊结构吸收乙烯、强氧化剂与乙烯发生化学反应去除乙烯气体和利用有选择性的金属、金属氧化物或无机酸催化乙烯氧化分解等方法来吸收果蔬自身产生的乙烯气体，能有效地保持果蔬的品质，延长贮藏期限，达到贮藏保鲜的目的。

3. 实验材料、仪器与试剂

1）实验材料

苹果、香蕉、桃、黄瓜、番茄等果蔬。

2）仪器

天平、烧杯（2000mL）、玻璃棒、可封口小型塑料袋（12cm×8cm）、纸箱、电炉、粉碎机、干燥箱等。

3）试剂

活性炭、沸石、蛭石、硅藻土、膨润土、高锰酸钾、磷酸、磷酸二氢钠、氧化钙、无水氯化钙、次氯化钙、次氯酸钠、次氯酸钙、碳酸镁、粒状硅铝、氧化铝、氯铂氢酸、硅酸钙、氧化锌、三氧化二铁、二氧化钛等。

4. 氧化吸附型乙烯吸收剂的制作和使用方法

氧化吸附型乙烯吸收剂是以强氧化剂与乙烯发生化学反应，去除乙烯气体。将表面积小、没有吸附能力的氧化剂被覆于表面积大的多孔质的吸附体表面，就制作成了氧化吸附型乙烯吸收剂。

1）氧化吸附型Ⅰ剂

原料配比：高锰酸钾63.6g，沸石（0.5nm或1nm）1500g，水1000mL。

制作和使用方法：将高锰酸钾投入水中，摇动或搅拌加速其溶解，若水温低时可稍加热。将沸石投入到高锰酸钾水溶液中，浸泡搅拌30～60min，让其充分吸附，沥水后风干即可使用。

高锰酸钾为深紫色晶体，有金属光泽。主要作为杀菌消毒剂、毒气吸收剂、漂白剂、空气和水的净化剂等。高锰酸钾是强氧化剂，与乙烯发生化学反应而去除乙烯，是该种吸收剂的主要试剂。

注意事项：

该吸收剂适用于各类水果、蔬菜、花卉的保鲜。

在使用时要将该吸收剂装入透气的小袋内，与果蔬一起装入容器中，在密封或半密封状态下置于阴凉处储存。

2）氧化吸附型Ⅱ剂

原料配比：高锰酸钾5g，磷酸5g，磷酸二氢钠5g，沸石65g，膨润土20g。

制作和使用方法：将上述各种成分按比例混合，加少量水搅拌均匀，充分浸润，经干燥后粉碎成直径为2～3mm的颗粒或制成3mm左右的柱状体，干燥后即可使用。

磷酸二氢钠为白色粉末，有吸附性。磷酸为五价磷的含氧酸，是介于强酸和弱酸之间的稠厚液体，有吸附性，溶于水和乙醇。这两种物质不但能有效地抑制高锰酸钾的分解，延长其使用寿命，还能与高锰酸钾结合，使吸收乙烯的能力成倍地提高。

注意事项：

该吸收剂适用于各类水果、蔬菜、花卉，尤其适用于香瓜、葡萄、蜜桃的贮藏保鲜，使用量为 0.6%～2%。

在使用时要将该吸收剂装入透气的小袋内，与待贮藏的果蔬一起装入容器中，采用密封包装或透气性包装，置于阴凉处储存。

3) 氧化吸附型Ⅲ剂

原料配比： 高锰酸钾 63.6g，氧化钙 800g，蛭石 1000g，水 1000mL。

制作和使用方法： 按配方比例将高锰酸钾和水放入容器中摇动或搅拌使其充分溶解，即得高锰酸钾饱和溶液。将蛭石放入高锰酸钾饱和水溶液中，浸泡并搅动 30～60min，沥出后阴干。将氧化钙粉碎，与沥出阴干的蛭石混合均匀。最后用透气性能比较好的包装材料将上述制成品分装成小包装使用。

高锰酸钾是强氧化剂，将其被覆于多孔质载体蛭石上即构成具有氧化吸附能力的乙烯吸收剂。氧化钙具有杀菌消毒和吸湿的作用，吸收水分后变成氢氧化钙，则可吸收包装容器内的二氧化碳。

注意事项：

该吸收剂具有吸收乙烯、杀菌消毒和吸收过剩的二氧化碳三种功能，适用于果蔬的保鲜，一般使用量为果蔬重量的 0.5%～3%。

在使用时要将吸收剂小包装与果蔬一起密封或半密封包装，置于阴凉处储存。

4) 氧化吸附型Ⅳ剂

原料配比： 高锰酸钾 20g，无水氯化钙 20g，硅藻土 20g。

制作和使用方法： 将高锰酸钾、氯化钙均匀地撒在硅藻土上即可使用。

无水氯化钙是无臭味但有咸苦味的白色立方晶体，吸湿性强，用于脱水剂和食品贮藏剂。吸收的水分使高锰酸钾处于随时可与乙烯发生化学反应的状态，是该配方中不可缺少的助剂，硅藻土具有很强的吸附性，在该配方中作为载体使用。

注意事项：

该吸收剂的使用量一般为果蔬重量的 0.6%～2%。

在使用时要先用有透气性的包装材料包好，再与待贮藏的果蔬一起装入容器中密封，置于阴凉处储存。

5. 触媒型乙烯吸收剂的制作和使用方法

使用量少，反应速度快，作用时间持久，是一种很有发展前途的吸收剂，适用于吸收低浓度的内源乙烯，常见的有以下几种。

1）触媒型吸收Ⅰ剂

原料配比： 次氯化钙120g，碳酸镁180g，粒状硅铝300g，水少量。

制作和使用方法： 将三种原料混合，加入少量水搅拌均匀，阴干后在110℃下人工干燥，粉碎成直径为2~3mm的颗粒，即可制成。

注意事项：

该吸收剂能够吸收内源乙烯及其他有害气体，同时具有灭菌防腐的作用，因此能较长期的保持果蔬的新鲜度。

一般使用量为果蔬重量的0.3%~2%。

2）触媒型吸收Ⅱ剂

原料配比： 氧化铝400g，氯铂氢酸1.06g，次氯酸钠200g，水1800mL。

制作和使用方法： 将氧化铝投入到800mL水中制成悬浮液，加入用400mL水溶解1.06g氯铂氢酸的水溶液，在搅拌下让其蒸干。将得到的固体物在450℃下灼烧约3h，然后在300℃下还原2h后，即可得到含0.1%铂的氧化铝。将这种氧化铝在600mL水与200g次氯酸钠调制的水溶液中浸渍后沥净控干，在110℃下干燥，即得到所要求的触媒型吸收Ⅱ剂。

该吸收剂的吸收作用迅速持久，吸收效率高，对多种果蔬都有保鲜效果。

注意事项：

该吸收剂是以氧化剂与触媒体的共同作用下吸收乙烯的。

使用量为果蔬重量的0.2%~1.5%。

3）触媒型吸收Ⅲ剂

原料配比： 高锰酸钾63.6g，硅酸钙1000g，水1000mL。

制作和使用方法： 将高锰酸钾溶解于水，投入硅酸钙到高锰酸钾水溶液中浸泡，加温搅拌30min，将固体液体分离后阴干，再在110℃下人工干燥，即得到触媒型吸收Ⅲ剂——硅酸钙高锰酸钾吸收剂。

注意事项：

该吸收剂吸收率高，速度快。4g吸收剂在24h内可将10000mL密封容器中浓度为0.05%的乙烯气体全部排除掉；

该吸收剂的使用量为果蔬重量的0.3%~1.5%。

4）触媒型吸收Ⅳ剂

原料配比： 氧化锌70g，次氯酸钠140g，三氧化二铁140g，活性炭350g，水少量。

制作和使用方法： 将上述四种原料按比例混合，加少量水搅拌均匀，阴干后在110℃

下人工干燥，冷却后粉碎成粒径为 2~3mm 的小颗粒，即得到所要求的触媒吸收Ⅳ剂。

注意事项：

该吸收剂主要适用于桃、李等核果类果实。

使用量一般为果蔬重量的 0.2%~1.5%。

如在使用时将该吸收剂 5g，用透气性的纸包好，与 1000g 桃等果实一起封入厚 0.03mm 的低密度聚乙烯薄膜袋中，置于室温下储存。据测定经过 8d 的贮藏，袋内的桃子几乎没有变化，而对照组已经发生褐变，发生明显溃烂。

5）触媒型吸收Ⅴ剂

原料配比： 三氧化二铁 100g，次氯酸钙 200g，二氧化钛 200g，活性炭 500g。

制作和使用方法： 将上述四种原料按比例混合，加少量水搅拌均匀，阴干后在 110℃ 下人工干燥，冷却后粉碎成粒径为 2~3mm 的小颗粒，即得到所要求的触媒型吸收Ⅴ剂。

注意事项：

该吸收剂和待贮藏的果蔬装入透气性的小袋内，在常温下用来保存果蔬效果明显。

使用量为果蔬重量的 0.5%，可延长贮藏期 1 倍以上。

6. 所制乙烯吸收剂保鲜效果实验

1）在跃变型果实上的保鲜效果

分别称取苹果 3 份各 1kg，各置于较密闭的纸箱中，任取所制两种乙烯吸收剂各 1 袋，用 2mm 左右直径的尖刺物在塑料袋上扎多个孔后，分别放入两个纸箱中，封口后于室温下放置 3~5d。

另一个只有苹果的纸箱作对照，同样封口后于相同温度条件下放置 3~5d。

比较 3 个处理的果实在颜色、质地、风味上的差异。

2）在非跃变型果实上的保鲜效果

分别称取黄瓜 3 份各 1kg，各置于较密闭的纸箱中，任取所制两种乙烯吸收剂各 1 袋，用约 2mm 直径的尖刺物在塑料袋上扎多个孔后，分别放入两个纸箱中，封口后于室温下放置 2d。

另一个只有黄瓜的纸箱作对照，同样封口后于相同温度条件下放置 2d。

比较 3 个处理的黄瓜在颜色、质地、风味上的差异。

7. 结果分析

将观察和评价的结果记录于表 2-8 中。

表 2-8 乙烯吸收剂保鲜效果登记表

品名	处理	果面颜色		果肉质地		口感风味	
		处理前	处理后	处理前	处理后	处理前	处理后
苹果	保鲜剂Ⅰ						
	保鲜剂Ⅱ						
	对照						
黄瓜	保鲜剂Ⅰ						
	保鲜剂Ⅱ						
	对照						

思考题

1. 制作乙烯吸收剂的目的是什么?
2. 比较不同乙烯吸收剂的吸收效果。
3. 比较不同乙烯吸收剂的制作成本。
4. 针对不同乙烯吸收剂,您还有其他什么问题需要分析解决。

2.7 果蔬中乙醇含量的测定

1. 目的与原理

果蔬收获后,呼吸成为整个代谢过程的主导方面,当贮藏环境中氧浓度过低,或果蔬正常的生理代谢受阻时,会出现无氧呼吸的产物乙醇的积累,进而导致果蔬品质的劣变和耐贮性能降低。其次,乙醇对果实具有催熟的生理效应,因而贮藏产品和贮藏环境中乙醇的积累,可能导致不利的影响。再则,一些果蔬生理病变机制的研究,也涉及乙醇的定量分析。

一般刚采收的果实乙醇含量极少(0.04%),在贮藏中乙醇含量逐渐增加。苹果中乙醇含量达到 0.3% 时已能引起果实败坏。

在果蔬腌制品中,也进行着微量的酒精发酵,在研究蔬菜腌制问题时,对于其中酒精含量的情况,也应该有所了解。

常用的测定微量乙醇的方法,首先是利用重铬酸钾氧化乙醇成为醋酸。

$$3CH_3CH_2OH + 2K_2CrCO_7 + 8H_2SO_4 \longrightarrow 3CH_3COOH + 2Cr_2(SO_4)_3 + 2K_2SO_4 + 11H_2O$$

氧化乙醇后剩余的重铬酸钾则与碘化钾作用,生成游离的碘。

$$K_2Cr_2O_7+6KI+7H_2SO_4 \longrightarrow 4K_2SO_4+Cr_2(SO_4)_3+7H_2O+3I_2$$

最后,游离的碘再被硫代硫酸钠还原,从而根据氧化乙醇所消耗的重铬酸钾量计算出乙醇含量。

$$2Na_2S_2O_3+I_2 \longrightarrow 2NaI+Na_2S_4O_6$$

2. 材料、试剂与用具

苹果、猕猴桃、番茄、蒜薹等气调贮藏的果蔬。

重铬酸钾、硫代硫酸钠、淀粉溶液、碘化钾、浓硫酸。

100mL 容量瓶、500mL 烧瓶、冷凝管、5mL、10mL、20mL 移液管、200mL、500mL 三角瓶、50mL 滴定管、25mL 量筒、酒精灯、洗瓶、三脚架、塞子、研钵、离心机、组织捣碎机、摇床、旋转蒸发仪、电热套、超声波清洗器。

3. 操作方法

1) 试剂制备

标准重铬酸钾溶液:精确称取重铬酸钾 4.9g,溶解后移入 1000mL 容量瓶中,稀释到刻度。

硫代硫酸钠溶液:称取硫代硫酸钠约 25g,溶解后移入 1000mL 容量瓶中,稀释后定容至刻度。

硫代硫酸钠溶液的标定:吸取标准重铬酸钾溶液 20mL 加入 500mL 的三角瓶中,用量筒加入浓硫酸 5mL 及碘化钾 2g,盖塞在暗处放置 5min,加水约 200mL,用待标定的硫代硫酸钠溶液滴定,当溶液变为橙色即为终点。根据硫代硫酸钠的用量计算出浓度。

2) 样品的测定

微量乙醇的提取:称取样品 200g 研碎,用 1500mL 水洗,倒入 5000mL 烧瓶中,在摇床上摇动 3min,用旋转蒸发仪进行蒸馏,收集蒸馏液于 1000mL 容量瓶中,达到刻度为止,盖上瓶塞,混合均匀。

乙醇的氧化:在 250mL 的三角瓶中放入重铬酸钾 200mL,用量筒取浓硫酸 50mL,缓缓地倒入,然后滴入蒸馏液 10mL,并不断振荡,连接冷凝管,放在电热套上加热回流,使瓶中溶液轻微煮沸 10min。

游离碘的生成:待回流过的溶液冷却后,用水冲冷凝管,使全部溶液无损地盛在 200mL 三角瓶中,然后小心地将溶液移入 500mL 三角瓶,用约 200mL 水冲洗 200mL 的三角瓶,同时加入碘化钾 1g,盖塞,放置于暗处 5min。

滴定:自滴定管中滴入 0.1mol/L 的硫代硫酸钠溶液,当溶液的颜色由橙色变成浅黄色时，加淀粉溶液 5mL，继续滴定溶液由蓝色变为绿色为止，记下消耗的硫化硫酸钠溶液的毫升数。

计算公式：
$$W = [0.0115(V_1N_1 - VN)/20] \times 100$$

式中，W：100g 样品中所含乙醇的克数；

V_1：加入重铬酸钾溶液的毫升数；

N_1：重铬酸钾的当量浓度；

V：滴定时所消耗的硫代硫酸钠毫升数；

N：硫代硫酸钠的当量浓度；

0.0115：消耗 1mg 当量的重铬酸钾所能氧化的乙醇克数。

4. 记录与计算

(1) 将测定数据填入下列表 2-9 中。

(2) 列出计算式并计算结果填入表 2-10。

表 2-9 硫代硫酸钠的标定

	重铬酸钾的浓度（N）	重铬酸钾的用量（mL）	硫代硫酸钠的浓度（N）	硫代硫酸钠的用量（mL）
第一次标定				
第二次标定				

表 2-10 微量乙醇的含量

样品名称	样品重	重铬酸钾的浓度（N）	重铬酸钾的用量（mL）	硫代硫酸钠的浓度（N）	硫代硫酸钠的用量（mL）	微量乙醇的含量（g/100g）

2.8 果蔬贮藏保鲜品质的感官鉴定

1. 实验目的

果蔬产品贮藏后的品质好坏，是判断贮藏保鲜效果的重要依据。通过本实验学习果蔬贮藏保鲜品质的感官鉴定方法和项目，学会果蔬贮藏保鲜品质感官描述，并通过操作正确评定鉴定果蔬的感官品质好坏。

2. 实验材料与器材

1) 实验材料

选择当地有代表性的果蔬产品 2～3 种，如苹果、葡萄、柑橘、香蕉、猕猴桃、桃、李子、杏、马铃薯、胡萝卜、大白菜、花椰菜（菜花）、甘蓝、番茄等。

2）器材

天平、硬度计、折光糖度计、台秤、100mL 烧杯、纱布、不锈钢果刀等。

3. 操作步骤

1）苹果

随机取贮藏后的苹果（包括腐烂和病果）20～30kg，平均分成 6 份，每组 1 份。

鉴定内容按照鉴定表进行，并将鉴定结果填入表 2-11 内。

表 2-11　苹果贮藏品质鉴定表

品种	贮藏期			硬度（kg/cm²）		固形物（%）		色泽			好果率（%）	贮藏病害种类	风味	等级	备注
	入贮期	鉴定期	贮藏天数	贮藏前	贮藏后	贮藏前	贮藏后	果皮	果肉	果心					

2）柑橘

随机取贮藏后的柑橘（包括腐烂和病果）20～30kg，平均分成 6 份，每组 1 份。

鉴定内容按照鉴定表进行，并将鉴定结果填入表 2-12 内。

表 2-12　柑橘贮藏品质鉴定表

品种	采后处理内容	贮藏期			着色指数		果汁率（%）	固形物（%）		好果率（%）	风味	贮藏病害种类
		入贮期	鉴定期	贮藏天数	贮藏前	贮藏后		贮藏前	贮藏后			

着色指数 = Σ（各级值 × 数量）/（最大级值 × 总量）

3）花椰菜（菜花）

随机称取贮藏后的花椰菜 20～30kg，平均分成 6 份，每组 1 份。

鉴定内容按照鉴定表进行，并将结果填入表 2-13 内。

表 2-13 花椰菜贮藏品质鉴定表

样品重（kg）	贮藏期			各级品量（kg）					保鲜指数	评价
	入贮期	鉴定期	贮藏天数	4级	3级	2级	1级	0级		

花椰菜的分级标准：

4级：花球基本洁白或没有锈斑、霉点、叶嫩绿。

3级：花球不脱水，锈斑、霉点占花球面积的1/10～3/10。叶色绿。

2级：花球散花很少，锈斑、霉点占花球面积的3/10～5/10。

1级：花球严重脱水、散花，叶霉烂或脱落，锈斑、霉点占花球面积的5/10以上。不能食用。

0级：损耗。

保鲜指数（或后熟指数）：与柑橘的着色指数计算方法相同。

4）番茄

随机称取贮藏后的番茄30kg，平均分成6份，每组1份。

鉴定内容按照鉴定表进行，并将鉴定结果填入表2-14内。

表 2-14 青熟番茄品质鉴定表

样品重（kg）	采后处理	贮藏期			着色指数		各级品量（kg）				好果率（%）	贮藏病害种类	风味	评价
		入贮期	鉴定期	贮藏天数	贮藏前	贮藏后	4级	3级	2级	1级				

番茄的分级标准：

4级：果实全红，果实有一定硬度，不变软，不腐烂，无病害，无裂果。

3级：果实全红，开始变软，果表面有少量烂斑、有裂果。

2级：果表面着色占果实面积的3/4以上，不腐烂。

1级：果表面着色占果实面积的1/2以上，有腐烂。

着色指数计算同上述其他果实。

4. 注意事项

(1) 在同样条件下鉴定，保证鉴定结果一致。

(2) 果蔬贮藏要有一定时间，最好不要在贮藏初期进行鉴定。

(3) 鉴定果蔬一定要随机取样。

(4) 果蔬样品分份注意随机和平均。

(5) 鉴定做到仔细、认真，按顺序进行。

2.9 植物离体叶片失水表型观察及其失水率测定实验

1. 实验方法原理

离体叶片暴露于空气中，由于水分的扩散而又得不到及时的补充，叶片会出现萎蔫表型，随着时间的延长而加剧。同时，通过称重法可以定量地测定出叶片在不同时间段失水的程度（失水率）。不同植物、同一植物不同品种、不同生长发育阶段叶片的失水情况不同。一般，植物的抗旱性与离体叶片失水状况成负相关。可通过观察离体叶片的失水表型和测定其失水率来鉴定果蔬食品的质量状态。

2. 实验材料

水果、蔬菜。

3. 实验器材

小剪刀、小镊子、培养皿、电子天平。

4. 实验步骤

(1) 离体叶片失水表型的观察。用小剪刀和小镊子分别从叶菜（水果）上剪取叶片（果肉），置于培养皿中，放置于不同温度下，室温 10℃、4℃等。2～3h 待叶片（果肉）出现萎蔫表型后记录描述叶片（果肉）的失水表型。

(2) 离体叶片失水率的测定。首先，将两片称量纸分别称重。用小剪刀和小镊子分别从叶菜（水果）剪取 10 片叶片（果肉）分别置于称量纸上称重。然后连同各自的称量纸分别置于培养皿中，之后分别在 1h、2h、3h 三个时间段再称重，记录结果。

5. 实验结果

(1) 比较离体叶片（水果）失水表型：分别描述叶片（水果）失水前后叶片（水果）的表型状况。

(2) 绘制离体叶片（水果）失水率的折线图：先分别计算出各叶片（水果）失水前及失水 1h、2h、3h 后的叶片失水率，再绘制折线图，分析比较二者离体叶片的失水情况。

$$失水率\% = (W_1 - W_2)/W_1$$

式中，W_1：离体叶片失水前的重量；

W_2：离体叶片失水 1h 或 2h 或 3h 后的重量。

2.10 肉类新鲜度检验

2.10.1 知识储备

感官检验（Sensory Inspection）又称"官能检验"，是以人的感觉为基础，用科学试验和统计方法来评价食品质量的一种检验方法，食品感官检验的基本方法有视觉检验法、嗅觉检验法、味觉检验法和触觉检验法。

菌落总数（Colonies Number）：食品检样经过处理，在一定条件下培养后（如培养基成分培养温度和时间、pH、需氧性等）所取 1mL（g）检样中所含菌落的总数。菌落形成单位叫作 CFU。CFU 的含义是形成菌落的菌落个数，不等于细菌个数。一般以 CFU/mL 或 CFU/g 作为显示结果。

2.10.2 肉类新鲜度的感官检验

1. 组织形态、色泽、气味

将抽取的微生物检验试验后的全部样品，置于自然光或相当于自然光的感官。评定时，用触觉鉴别组织形态，视觉鉴别色泽，嗅觉鉴别气味。

2. 煮沸后肉汤的检查

称取 20g 绞碎的检样，置于 200mL 烧杯中，加入 100mL 水，用表面皿盖上加热至 50℃～60℃，开盖检查气味，继续加热煮沸 20～30min，检查肉汤的气味、滋味和透明度以及脂肪的气味和滋味，并参见卫生标准。

3. 肉眼可见异物

用视觉鉴别，与鉴别组织状态、色泽、气味同时进行。

4. 报告

鲜冻肉的感官检验表及感官指标见表12-5，表12-6。

表 2-15　鲜冻肉的感官检验表

项目	鲜产品	冻产品
组织状态		
色泽		
气味		
加热后肉汤		
瘀血［以瘀血面积（S）计］（cm^2）		
硬杆毛（长度超过12mm的羽毛，或直径超过2mm的羽毛根）		
异物		

注：1. 鲜冻禽肉需做瘀血和硬杆毛的感官检验；
　　2. 瘀血面积指单一整禽或单一分割肉禽的一片瘀血面积

表 2-16　鲜冻肉的感官指标

项目	鲜产品	冻产品
组织状态	肌肉富有弹性，指压后凹陷部位立即恢复原状	肌肉指压后部位恢复较慢，不易完全恢复原状
色泽	表皮和肌肉切面有光泽，具有应有的色泽	
气味	具有应有的气味，无异味	
加热后肉汤	透明澄清，脂肪团聚于液面，具有应有的滋味	
瘀血［以瘀血面积（S）计］（cm^2） $S>1$	不得检出	
$0.5<S\leqslant1$	片数不得超过抽样量的2%	
$S\leqslant0.5$	忽略不计	
硬杆毛（长度超过12mm的羽毛，或直径超过2mm的羽毛根）［根/10kg）$\leqslant1$］		
异物	不得检出	

注：1. 鲜冻禽肉需做瘀血和硬杆毛的感官检验；
　　2. 瘀血面积指单一整禽或单一分割肉禽的一片淤血面积

2.11 菌落总数检测

2.11.1 知识储备

表 2-17 常见食品微生物生长的最低温度

食品	微生物	生长最低温度（℃）	食品	微生物	生长最低温度（℃）
猪肉	细菌	−4	乳	细菌	−1~0
牛肉	霉菌、酵母菌、细菌	−1~1.6	冰激凌	细菌	−10~−3
羊肉	霉菌、酵母菌、细菌	−5~1	大豆	细菌	−6.7
火腿	细菌	1~2	豌豆	霉菌、酵母菌	−4~6.7
腊肠	细菌	5	苹果	细菌	0
熏肉	细菌	−10~−5	葡萄汁	细菌	0
鱼贝类	细菌	−7~−4	浓橘汁	细菌	−10
草莓	霉菌、酵母菌、细菌	−6.5~0.3			

2.11.2 鲜冻肉的微生物检验

2.11.2.1 菌落总数测定：GB/T 4789.2—2010

1. 原理

食品检样经过处理，在一定条件下（如培养基、培养温度和培养时间等）培养后，所得每克（毫升）检样中形成的微生物菌落总数。

2. 设备和材料

除微生物实验室常规灭菌及培养设备外，其他设备和材料如下。

（1）恒温培养箱：36℃±1℃，30℃±1℃。

（2）冰箱：2℃~5℃。

（3）恒温水浴箱：46℃±1℃。

（4）天平：感量为0.1g。

（5）均质器。

（6）无菌吸管：1mL（具0.01mL刻度）、10mL（具0.1mL刻度）或微量移液器及吸头。

（7）无菌锥形瓶：容量250mL、500mL。

（8）无菌培养皿：直径90mm。

（9）pH计或pH比色管或精密pH试纸。

（10）放大镜或/和菌落计数器。

3. 培养基和试剂

1）平板计数琼脂培养基

成分：胰蛋白胨 5.0g、酵母浸膏 2.5g、葡萄糖 1.0g、琼脂 15.0g、蒸馏水 1000mL、pH7.0±0.2。

制法：将上述成分加于蒸馏水中，煮沸溶解，调节 pH，分装试管或锥形瓶，121℃高压灭菌 15min。

2）磷酸盐缓冲液

成分：磷酸二氢钾 34.0g、蒸馏水 500mL、pH7.2。

制法：储存液，称取 34.0g 的磷酸二氢钾溶于 500mL 蒸馏水中，用大约 175mL 的 1mol/L 氢氧化钠溶液调节 pH，用蒸馏水稀释至 1000mL 后储存于冰箱；稀释液，取储存液 1.25mL，用蒸馏水稀释至 1000mL，分装于适宜容器中，121℃高压灭菌 15min。

3）无菌生理盐水

成分：氯化钠 8.5g、蒸馏水 1000mL。

制法：称取 8.5g 氯化钠溶于 1000mL 蒸馏水中，121℃高压灭菌 15min。

4. 检验程序

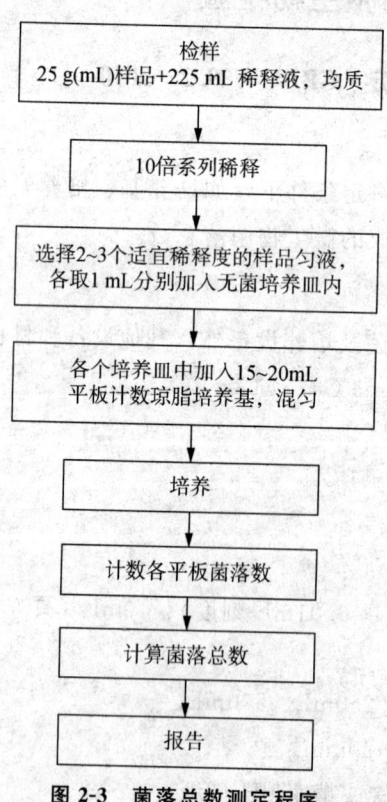

图 2-3 菌落总数测定程序

5. 操作步骤

1）样品的稀释

称取 25g 样品置于盛有 225mL 磷酸盐缓冲液或生理盐水的无菌均质杯内，8000～10000r/min均质 1～2min，或放入盛有 225mL 稀释液的无菌均质袋中，用拍击式均质器拍打 1～2min，制成 1∶10 的样品匀液。

用1mL 无菌吸管或微量移液器吸取 1∶10 样品匀液1mL，沿管壁缓慢注入盛有 9mL 稀释液的无菌试管中（注意吸管或吸头尖端不要触及稀释液面），振摇试管或换用 1 支无菌吸管反复吹打使其混合均匀，制成 1∶100 的样品匀液。

按第一步操作程序，制备 10 倍系列稀释样品匀液。每递增稀释一次，换用 1 次 1mL 无菌吸管或吸头。

根据对样品污染状况的估计，选择 2～3 个适宜稀释度的样品匀液（液体样品可包括原液），在进行 10 倍递增稀释时，吸取 1mL 样品匀液于无菌培养皿内，每个稀释度做两个培养皿。同时，分别吸取 1mL 空白稀释液加入两个无菌培养皿内作空白对照。

及时将 15～20mL 冷却至 46℃的平板计数琼脂培养基（可放置于 46℃±1℃恒温水浴箱中保温）倾注入培养皿，并转动培养皿使其混合均匀。

2）培养

待琼脂凝固后，将平板翻转，36℃±1℃培养 48±2h。水产品 30℃±1℃培养 72±3h。

如果样品中可能含有在琼脂培养基表面弥漫生长的菌落时，可在凝固后的琼脂表面覆盖一薄层琼脂培养基（约 4mL），凝固后翻转平板，按样品稀释1）的条件进行培养。

3）菌落计数

可用肉眼观察，必要时用放大镜或菌落计数器，记录稀释倍数和相应的菌落数量。菌落计数以菌落形成单位（Colony-Forming Units，CFU）表示。

选取菌落数 30～300CFU、无蔓延菌落生长的平板计数菌落总数。低于 30CFU 的平板记录具体菌落数，大于 300CFU 的可记录为多不可计。每个稀释度的菌落数应采用两个平板的平均数。

其中一个平板有较大片状菌落生长时，则不宜采用，而应以无片状菌落生长的平板作为该稀释度的菌落数；若片状菌落不到平板的一半，而其余一半中菌落分布又很均匀，即可计算半个平板后乘以 2，代表一个平板菌落数。

当平板上出现菌落间无明显界线的链状生长时，则将每条单链作为一个菌落计数。

6. 结果与报告

1）菌落总数的计算方法

若只有一个稀释度平板上的菌落数在适宜计数范围内，计算两个平板菌落数的平均值，再将平均值乘以相应稀释倍数，作为每克（毫升）样品中菌落总数结果。

若有两个连续稀释度的平板菌落数在适宜计数范围内时，按以下公式计算：

$$N = \frac{\sum C}{(n_1 + 0.1 n_2)d}$$

式中，N：样品中的菌落数；

　　ΣC：平板（含适宜范围菌落数的平板）菌落数之和；

　　n_1：第一稀释度（低稀释倍数）平板个数；

　　n_2：第二稀释度（高稀释倍数）平板个数；

　　d：稀释因子（第一稀释度）。

示例：

稀释度	1∶100（第一稀释度）	1∶1000（第二稀释度）
菌落数（CFU）	232，244	33，35

$$N = \frac{\sum C}{(n_1 + 0.1 n_2)d}$$

$$= \frac{232 + 244 + 33 + 35}{[2 + (0.1 \times 2)] \times 10^{-2}} = \frac{544}{0.022} = 24727$$

若所有稀释度的平板上菌落数均大于300CFU，则对稀释度最高的平板进行计数，其他平板可记录为多不可计，结果按平均菌落数乘以最高稀释倍数计算。

若所有稀释度的平板菌落数均小于30CFU，则应按稀释度最低的平均菌落数乘以稀释倍数计算。

若所有稀释度（包括液体样品原液）平板均无菌落生长，则以小于1乘以最低稀释倍数计算。

若所有稀释度的平板菌落数均不在30～300CFU之间，其中一部分小于30CFU或大于300CFU时，则以最接近30CFU或300CFU的平均菌落数乘以稀释倍数计算。

2) 菌落总数的报告

菌落数小于100CFU时，按"四舍五入"原则修约，以整数报告。

菌落数大于或等于100CFU时，第3位数字采用"四舍五入"原则修约后，取前两位数字，后面用0代替位数；也可用10的指数形式来表示，按"四舍五入"原则修约后，采用两位有效数字。

若所有平板上为蔓延菌落而无法计数，则报告菌落蔓延。

若空白对照上有菌落生长，则此次检测结果无效。

称重取样以CFU/g为单位报告，体积取样以CFU/mL为单位报告。

7. 报告

表2-18 菌落总数登记表

稀释度	1∶100	1∶1000	1∶10000	CFU/g	平均值
第一个样品					
第二个样品					

2.11.2.2 大肠菌群MPN计数法（《中华人民共和国国家标准 GB 4789.3—2010》）

1. 原理

在一定培养条件下能发酵乳糖、产酸产气的需氧和兼性厌氧革兰氏阴性无芽孢杆菌。

最可能数，MPN基于泊松分布的一种间接计数方法。

2. 设备和材料

除微生物实验室常规灭菌及培养设备外，其他设备和材料如下。

（1）恒温培养箱：36℃±1℃。

（2）冰箱：2℃～5℃。

（3）恒温水浴箱：46℃±1℃。

（4）天平：感量0.1g。

（5）均质器。

（6）无菌吸管：1mL（具0.01mL刻度）、10mL（具0.1mL刻度）或微量移液器及吸头。

（7）无菌锥形瓶：容量 500mL。

（8）pH 计或 pH 比色管或精密 pH 试纸。

3. 培养基和试剂

1）月桂基硫酸盐胰蛋白胨肉汤

成分：胰蛋白胨或胰酪胨 20.0g；氯化钠 5.0g；乳糖 5.0g；磷酸氢二钾 2.75g；磷酸二氢钾 2.75g；月桂基硫酸钠 0.1g；蒸馏水 1000mL；pH6.8±0.2。

制法：将上述成分溶解于蒸馏水中，调节 pH，分装到有玻璃小倒管的试管中，每管 10mL，121℃高压灭菌 15min。

2）煌绿乳糖胆盐肉汤

成分：蛋白胨 10.0g；乳糖 10.0g；牛胆粉溶液 200mL；0.1%煌绿水溶液 13.3mL；蒸馏水 800mL；pH7.2±0.1。

制法：将蛋白胨、乳糖溶于约 500mL 蒸馏水中，加入牛胆粉溶液 200mL（将 20.0g 脱水牛胆粉溶于 200mL 蒸馏水中，调节 pH 至 7.0~7.5），用蒸馏水稀释到 975mL，调节 pH，再加入 0.1%煌绿水溶液 13.3mL，用蒸馏水补足到 1000mL，用棉花过滤后，分装到有玻璃小倒管的试管中，每管 10mL。121℃高压灭菌 15min。

3）磷酸盐缓冲液

成分：磷酸二氢钾 34.0g；蒸馏水 500mL；pH7.2。

制法：储存液，称取 34.0g 的磷酸二氢钾溶于 500mL 蒸馏水中，用大约 175mL 的 1mol/L 氢氧化钠溶液调节 pH，用蒸馏水稀释至 1000mL 后储存于冰箱；稀释液，取储存液 1.25mL，用蒸馏水稀释至 1000mL，分装于适宜容器中，121℃高压灭菌 15min。

4）无菌生理盐水

成分：氯化钠 8.5g；蒸馏水 1000mL。

制法：称取 8.5g 氯化钠溶于 1000mL 蒸馏水中，121℃高压灭菌 15min。

5）无菌 1mol/L 氢氧化钠溶液

称取 40g 氢氧化钠溶于 1000mL 蒸馏水中，121℃高压灭菌 15min。

6）无菌 1mol/L 盐酸溶液

移取浓盐酸 90mL，用蒸馏水稀释至 1000mL，121℃高压灭菌 15min。

项目 2 易腐产品知识

4. 检验程序

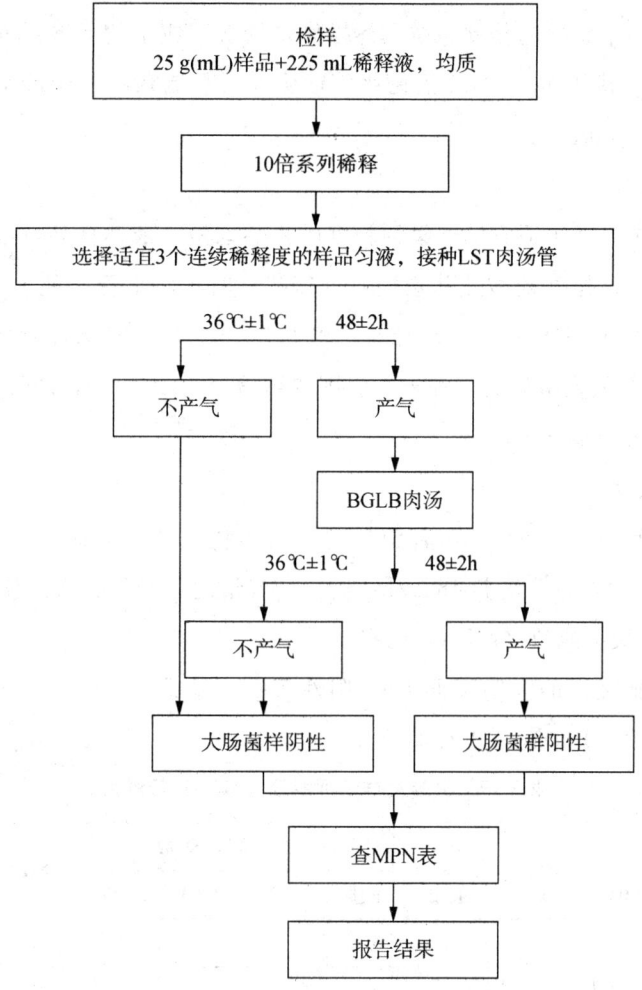

图 2-4 大肠菌群 MPN 操作程序

5. 操作步骤

1) 样品的稀释

称取 25g 样品,放入盛有 225mL 磷酸盐缓冲液或生理盐水的无菌均质杯内,8000～10000r/min 均质 1～2min,或放入盛有 225mL 磷酸盐缓冲液或生理盐水的无菌均质袋中,用拍击式均质器拍打 1～2min,制成 1∶10 的样品匀液。

样品匀液的 pH 应为 6.5～7.5,必要时分别用 1mol/L 氢氧化钠溶液或 1mol/L 盐酸溶液调节。

用 1mL 无菌吸管或微量移液器吸取 1∶10 样品匀液 1mL,沿管壁缓缓注入 9mL 磷酸盐缓冲液或生理盐水的无菌试管中（注意吸管或吸头尖端不要触及稀释液面），振摇试管或换用 1 支 1mL 无菌吸管反复吹打，使其混合均匀，制成 1：100 的样品匀液。

根据对样品污染状况的估计，按上述操作，依次制成十倍递增系列稀释样品匀液。每递增稀释 1 次，换用 1 支 1mL 无菌吸管或吸头。从制备样品匀液至样品接种完毕，全过程不得超过 15min。

2）初发酵试验

每个样品，选择 3 个适宜的连续稀释度的样品匀液（液体样品可以选择原液），每个稀释度接种 3 管月桂基硫酸盐胰蛋白胨（LST）肉汤，每管接种 1mL（如接种量超过 1mL，则用双料 LST 肉汤），36℃±1℃培养 24±2h，观察倒管内是否有气泡产生。24±2h 产气者进行复发酵试验；如未产气则继续培养至 48±2h，产气者进行复发酵试验。未产气者为大肠菌群阴性。

3）复发酵试验

用接种环从产气的 LST 肉汤管中分别取培养物 1 环，移种于煌绿乳糖胆盐肉汤（BGLB）管中，36℃±1℃培养 48±2h，观察产气情况。产气者为大肠菌群阳性管。

4）大肠菌群最可能数（MPN）的报告

按复发酵试验确证的大肠菌群 LST 阳性管数，检索 MPN 表，报告每克（毫升）样品中大肠菌群的 MPN 值（见表 2-19）。

表 2-19　大肠菌群最可能数（MPN）检索表

阳性管数			MPN	95%可信限		阳性管数			MPN	95%可信限	
0.1	0.01	0.001		上限	下限	0.1	0.01	0.001		上限	下限
0	0	0	<3.0	—	9.5	2	2	0	21	4.5	42
0	0	1	3.0	0.15	9.6	2	2	1	28	8.7	94
0	1	0	3.0	0.15	11	2	2	2	35	8.7	94
0	1	1	6.1	1.2	18	2	3	0	29	8.7	94
0	2	0	6.2	1.2	18	2	3	1	36	8.7	94
0	3	0	9.4	3.6	38	3	0	0	23	4.6	94
1	0	0	3.6	0.17	18	3	0	1	38	8.7	110
1	0	1	7.2	1.3	18	3	0	2	64	17	180
1	0	2	11	3.6	38	3	1	0	43	9	180
1	1	0	7.4	1.3	20	3	1	1	75	17	200
1	1	1	11	3.6	38	3	1	2	120	37	420

续表

阳性管数			MPN	95%可信限		阳性管数			MPN	95%可信限	
0.1	0.01	0.001		上限	下限	0.1	0.01	0.001		上限	下限
1	2	0	11	3.6	42	3	1	3	160	40	420
1	2	1	15	4.5	42	3	2	0	93	18	420
1	3	0	16	4.5	42	3	2	1	150	37	420
2	0	0	9.2	1.4	38	3	2	2	210	40	430
2	0	1	14	3.6	42	3	2	3	290	90	1000
2	1	0	20	4.5	42	3	3	0	240	42	1000
2	1	0	15	3.7	42	3	3	1	460	90	2000
2	1	1	20	4.5	42	3	3	2	1100	180	4100
2	1	2	27	8.7	94	3	3	3	>1100	420	—

注：1. 本表采用3个稀释度[0.1g（mL）、0.01g（mL）和0.001g（mL）]，每个稀释度接种3管；
2. 表内所列检样量如改用1g（mL）、0.1g（mL）和0.01g（mL）时，表内数字应相应降低10倍；如改用0.01g（mL）、0.001g（mL）和0.0001g（mL）时，则表内数字应相应提高10倍，其余类推。

6. 报告

表2-20 大肠菌群MPN登记表

稀释度	1:100	1:1000	1:10000	CFU/g	平均值
第一个样品					
第二个样品					

2.12 易腐食品解冻方法

冷冻肉解冻机操作

1. 操作间要求

（1）解冻间区域标识及整体环境。

（2）解冻间配备环境温、湿度计。

解冻间环境温度要求控制在14℃～16℃，可通过蒸汽加热或制冷机制冷来调节。环境湿度要求在80%RH以上，湿度较低时向地面泼洒清水来提高空气湿度。每6h检查一次温湿度，以及时调节。

（3）确保蒸汽阀、制冷机、风机的正常运作。

（4）地面、下水道清洁。

（5）工具及器具摆放处、现场环境。

解冻间要求环境清洁、无污物，工具及器具定点摆放，现场无无用物品及临时装置。

2. 解冻操作

（1）了解原料肉自然缓化操作要素。

（2）叉车载原料肉入库。

（3）检查标识并将原料肉上架、填写上架标识。

原料肉入库后由上架人员检查原料肉入库标识，包括原料名称、转运日期、转运时间及责任人。同时检查解冻架上无黄斑、血水及其他杂物，然后开始上架。

原料肉上完架后填写上架标识，包括原料名称、上架日期、上架时间、责任人，填好后贴在解冻架上。

（4）风机开启、检查原料肉温度。

出库的原料肉要在30min内上架解冻。上架时原料肉超出架面部分≤10cm，原料肉与墙壁、地面的距离≥15cm。然后进行原料肉解冻，解冻过程中要开启风机促进空气流通，均衡解冻架上下层温差。二、四号原料肉，一号原料肉，碎精肉，精肉大片，去皮鸡腿肉的解冻时间为24～28h；去皮大胸、去皮小胸、鸭脖皮的解冻时间为14～20h。解冻时间达到20h时，用温度计测量原料肉中心温度，20h后每隔2小时测量1次，每批次抽测2架，每架测量上、下层各1件。颗粒肠原料肉肉温为−1℃～2℃、鸭脖皮原料肉肉温为−2℃～4℃，并且原料肉手按柔软、松弛、无冰晶、呈还原态部分≥70％时解冻效果良好。

3. 原料肉下架码垛、填写下架标识

解冻完成的原料肉要下架。准备并检查垫板，垫板上无肉泥、血水、黄斑，然后按自下而上顺序下架码垛。码垛时原料肉袋口向内、每层6件，码垛高度不高于7层，垛与垛间距大于15cm。码好垛后填写下架标识，填好的标识放到下架原料肉的顶层。

4. 刷洗解冻架

原料肉下架后要对解冻架进行刷洗。准备好清水、斗车、毛巾、编织袋、消毒液、洗洁精等工具，先用编织袋、毛巾、刷子等工具对解冻架进行刷洗。然后用毛巾蘸取消毒液在解冻架上来回擦拭。最后，用毛巾蘸清水擦洗解冻架，直至解冻架洁净、无消毒液气味。解冻架的刷洗频率为每使用1次刷洗消毒1次。

2.13 不同温度对维生素C含量的影响

2.13.1 知识储备

果蔬中维生素C（Vc）是一种水溶性的维生素，性质十分不稳定，尤其对温度敏感。Vc在储存、加工和烹调时，易被氧化和分解而遭破坏，因此测定果蔬中Vc的含量可以判断果蔬在冷链物流过程中的质量。《中华人民共和国国家标准GB/T 5009.86—2003》蔬菜、水果及其制品中总抗坏血酸的测定有两种方法，荧光法和2，4-二硝基苯肼法，本书选取2，4-二硝基苯肼法作为Vc含量测定方法，以西兰花为例（见图2-5）。

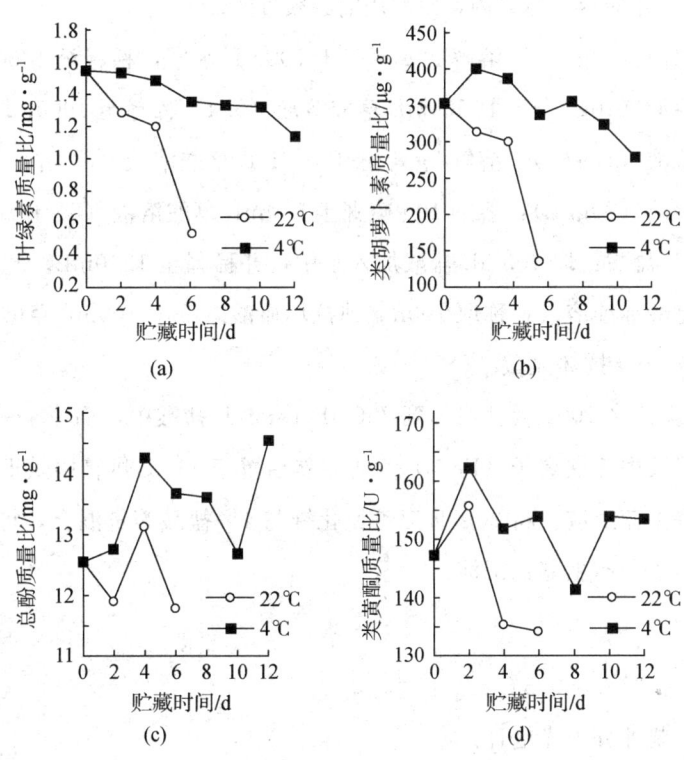

图2-5 不同温度下西兰花部分营养素的变化

2.13.2 不同储存条件对蔬菜中 Vc 含量的影响

1. 实验原理

总抗坏血酸包括还原型、脱氢型和二酮古乐糖酸，试样中还原型抗坏血酸经活性炭氧化为脱氢抗坏血酸，再与 2,4－二硝基苯肼作用生成红色脉，根据脱在硫酸溶液中的含量与抗坏血酸含量成正比，进行比色定量。

2. 试剂

(1) 4.5mol/L 硫酸：谨慎地加 250mL 硫酸（相对密度 1.84）于 700mL 水中，冷却后用水稀释至 1000mL。

(2) 85% 硫酸：谨慎地加 900mL 硫酸（相对密度 1.84）于 100mL 水中。

(3) 2,4－二硝基苯肼溶液（20g/L）：溶解 2g 2,4－二硝基苯肼于 100mL 4.5mol/L 硫酸中过滤。不用时存于冰箱内，每次用前必须过滤。

(4) 草酸溶液（20g/L）：溶解 20g 草酸于 700mL 水中，稀释至 1000mL。

(5) 草酸溶液（10g/L）：取 500mL 草酸溶液（9.4）稀释至 1000mL。

(6) 硫脲溶液（10g/L）：溶解 5g 硫脲于 500mL 草酸溶液（5）中。

(7) 硫脲溶液（20g/L）：溶解 10g 硫脲于 500mL 草酸溶液（5）中。

(8) 1mol/L 盐酸：取 100mL 盐酸加入水中，并稀释至 1200mL。

(9) 抗坏血酸标准溶液：称取 100mg 纯抗坏血酸溶解于 100mL 草酸溶液（4）中，此溶液每毫升含 1mg 抗坏血酸。

(10) 活性炭：将 100g 活性炭加到 750mL 1mol/L 盐酸中，回流 1~2h，过滤，用水洗数次，至滤液中无铁离子（Fe^{3+}）为止，然后置于 110℃ 烘箱中烘干。检验铁离子方法：利用普鲁士蓝反应。将 20g/L 亚铁氰化钾与 1% 盐酸等量混合，将上述洗出滤液滴入，如有铁离子则产生蓝色沉淀。

3. 仪器

(1) 恒温箱：37℃±0.5℃。

(2) 可见－紫外分光光度计。

(3) 捣碎机。

4. 实验设计

试验设 4 个处理。

处理 1：常温保存，将蔬菜置于室温（20℃）储存；处理 2：冰箱冷藏室 4℃ 恒温储存；处理3：样品包裹保鲜膜于冰箱冷藏室4℃恒温储存；处理4：样品放于保鲜盒中于冰箱冷藏室4℃恒温储存。

5．实验方法

分别于储存后第1、2、3、5天测定各处理条件下Vc的含量，并对蔬菜中Vc含量的变化速率进行分析。

$$Vc 含量变化速率 [mg/(kg \cdot d)] = \sum (C_t/D_t)$$

式中，C_t：每天测得果蔬菜体内的Vc减少量；

D_t：储存的时间。

1）试样的制备

全部实验过程应避光。

鲜样的制备：称取100g鲜样及吸取100mL 20g/L草酸溶液，倒入捣碎机中打成匀浆，取10~40g匀浆（含1~2mg抗坏血酸）倒入100mL容量瓶中，用10g/L草酸溶液稀释至刻度，混匀。

干样制备：称1~4g干样（含1~2mg抗坏血酸）放入乳钵内，加入10g/L草酸溶液磨成匀浆，倒入100mL容量瓶内，用10g/L草酸溶液稀释至刻度，混匀。

将鲜样的制备和干样制备中的液体过滤，滤液备用。不易过滤的试样可用离心机离心后，倾出上清液，过滤，备用。

2）氧化处理

取25mL上述滤液，加入2g活性炭，振摇1min，过滤，弃去最初的数毫升滤液。取10mL此氧化提取液，加入10mL 20g/L硫脲溶液，混匀，此试样为稀释液。

3）显色反应

于三个试管中各加入4mL稀释液2）。一个试管作为空白，其余两个试管中加入1.0mL 20g/L 2，4－二硝基苯肼溶液，将所有试管放入37℃±0.5℃恒温箱或水浴中，保温3h。

3h后取出。除空白管外，将所有试管放入冰水中。空白管取出后使其冷到室温，然后加入1.0mL 20g/L 2，4－二硝基苯肼溶液，在室温中放置10~15min后放入冰水内。其余步骤同试样。

4）85％硫酸处理

当试管放入冰水后，向每一试管中加入5mL 85％硫酸，滴加时间至少需要1min，需边加边摇动试管。将试管自冰水中取出，在室温放置30min后比色。

5）比色

用1cm比色杯，以空白液调零点，于500nm波长测吸光值。

6）标准曲线的绘制

加 2g 活性炭于 50mL 标准溶液中，振动 1min，过滤。

取 10mL 滤液放入 500mL 容量瓶中，加 5.0g 硫脲，用 10g/L 草酸溶液稀释至刻度，抗坏血酸浓度 20μg/mL。

取 5mL、10mL、20mL、25mL、40mL、50mL、60mL 稀释液，分别放入 7 个 100mL 容量瓶中，用 10g/L 硫脲溶液稀释至刻度，使最后稀释液中抗坏血酸的浓度分别为 1μg/mL、2μg/mL、4μg/mL、5μg/mL、8μg/mL、10μg/mL、12μg/mL。

按试样测定步骤形成脲并比色。

以吸光值为纵坐标，抗坏血酸浓度（μg/mL）为横坐标绘制标准曲线。

6. 结果计算

$$X = \frac{c \cdot V}{m} \times F \times \frac{100}{1000}$$

式中，X：样品中总抗坏血酸含量，单位为毫升每百克（mg/100g）；

c：由标准曲线查得或由回归方程算得"样品氧化液"中总抗坏血酸的浓度，单位为微克每毫升（μg/mL）；

V：试样用 10g/L 草酸溶液定容的体积，单位为毫升（mL）；

F：样品氧化处理过程中的稀释倍数；

m：试样质量，单位为克（g）。

计算结果表示到小数点后两位。

7. 精密度

在重复性条件下获得的两次独立测定结果的绝对差值不得超过算数平均值的 10%。

项目 3　冷链物流设备

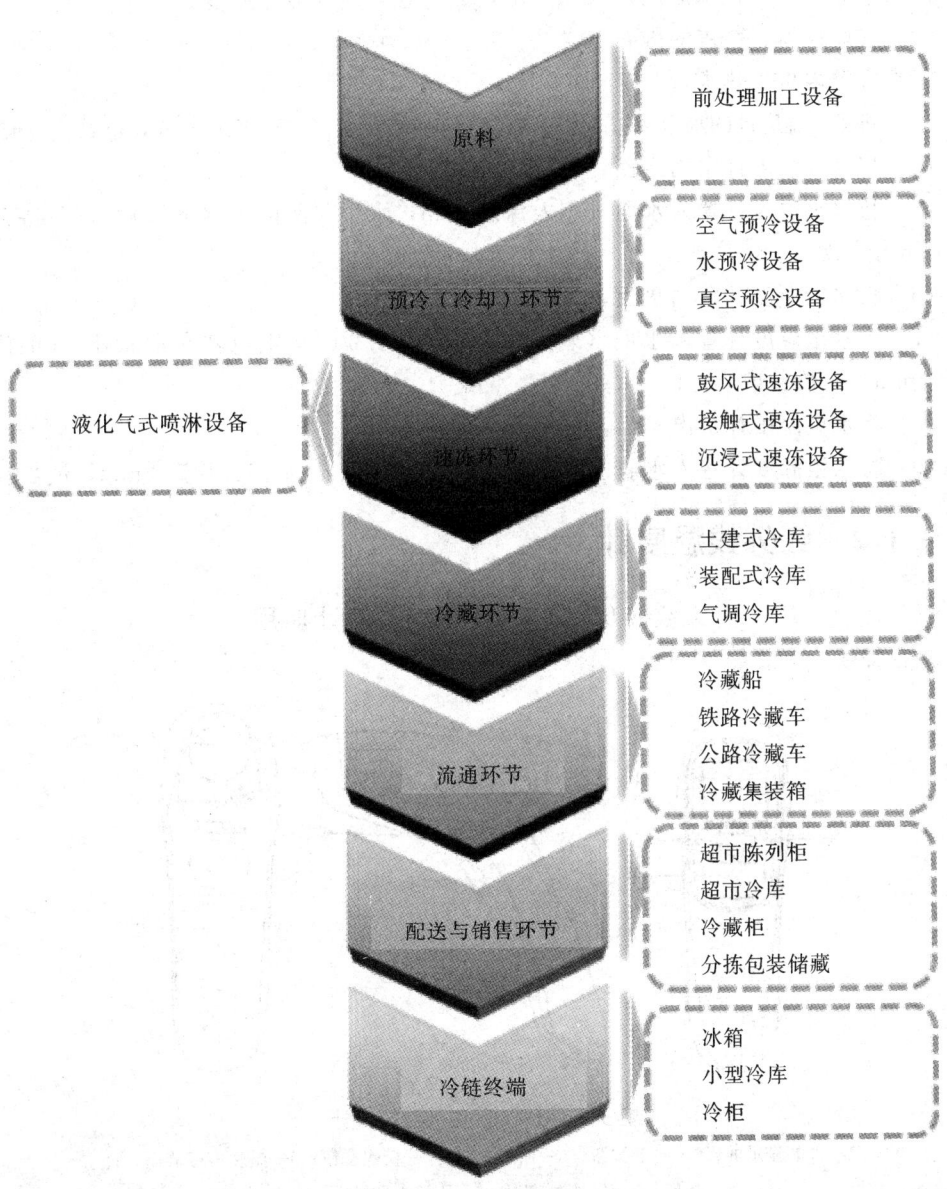

图 3-1　易腐食品冷藏链主要设备构成

3.1 常见温度计的使用

中心温度:指块状或有容器存放的液态食品或食品原料的中心部位的温度。中心温度可用中心温度计测量。

3.1.1 普通温度计

用水银温度计,在不同的刺入深度下,测量容器内的液体温度。
(1) 实验仪器、仪表的准备。
(2) 容器内接入热水。
(3) 将水银温度计的水银包置入热水的中部,手持水银温度计稳定 2min,读数、记录。
(4) 将水银温度计拿出水面,等待 2min。
(5) 将水银温度计置入水面(刺入深度 2cm,水银包刚刚被水面浸没),手持并稳定 2min,读数、记录。
(6) 将水银温度计拿出水面,等待 2min。
(7) 将水银温度计置入水面(刺入深度 1cm,1/2 的水银包露在水面外),手持并稳定 2min,读数、记录。
(8) 将水银温度计拿出水面,等待 2min。
(9) 将水银温度计置入水底(水银包接触容器底部),手持并稳定 2min,读数。

3.1.2 红外线温度计

实验:61－685 红外线温度计使用

设备描述

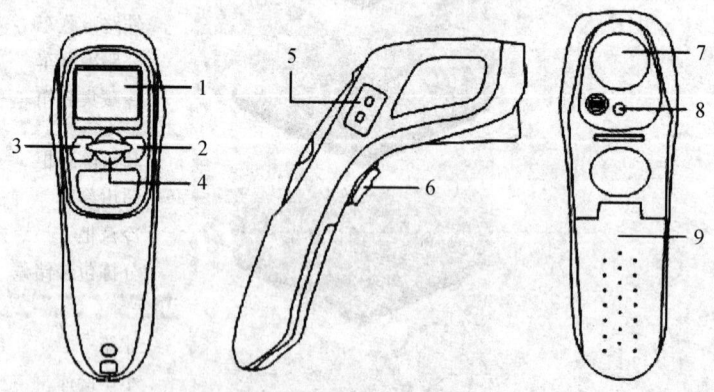

图 3-2 61－685 红外线温度计

1—液晶显示屏;2—向上按钮;3—向下按钮;4—模式按钮;5—温度传感器插口;
6—触发按钮;7—红外线镜头;8—Ⅱ类激光指示器;9—电池盖

操作

将温度计瞄准被测物体按触发按钮即可测试温度。确认距离与测试点大小之间的比率，以使读数准确。红色激光只用作瞄准。红外线温度计操作显示屏见图3-3。

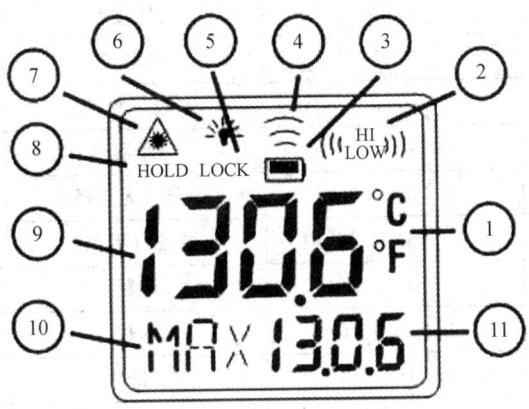

图3-3　红外线温度计操作显示屏

1—℉/℃符号；2—高/低温告警符号；3—电池电压低符号；4—正在测量符号；5—锁定模式，用于连续读数；6—背光"开启"符号；7—指示激光开启符号；8—数据保持符号；9—当前温度值；10—功能模式图标：最大值、最小值、温差（/\），平均值，高温报警、低温报警，接入K型温度传感器，辐射率，设定辐射率；11—各种功能模式下对应测试值或辐射率值

光分辨率

仪表被测物体间距离与测量区域大小之比，称为分辨率（见图3-4）。

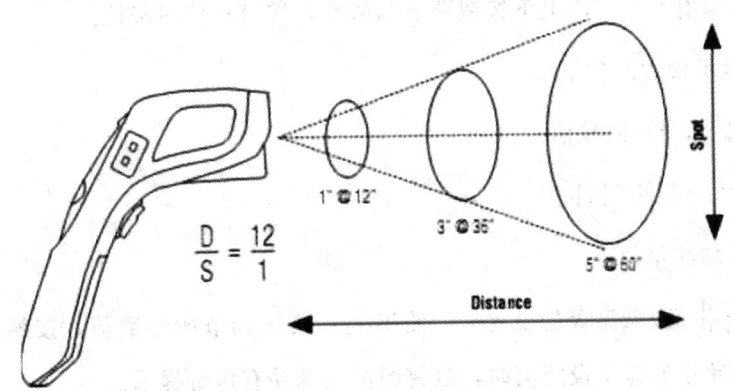

图3-4　分辨率示图

物体反射率与黑体反射率之比称为辐射率。理想黑体辐射率是1.0，任何材料的辐射率都在0.1（最高辐射率）与1.0（理想黑体）之间。辐射率主要由材料结构和表面情况决定。

红外线温度计可按被测物表面类型调整辐射率，参考表3-1。

表 3-1　红外线温度计被测物表面类型调整辐射率

物质	发射率	物质	发射率
沥青	0.90～0.98	布（黑色）	0.98
混凝土	0.94	人体皮肤	0.98
水泥	0.96	肥皂泡	0.75～0.80
沙子	0.90	木炭（粉末）	0.96
泥土	0.92～0.96	漆器	0.80～0.95
水	0.92～0.96	漆器（无光泽）	0.97
冰	0.96～0.98	橡胶（黑色）	0.94
雪	0.83	塑料	0.85～0.95
玻璃	0.90～0.95	木材	0.90
陶瓷	0.90～0.94	纸	0.70～0.94
大理石	0.94	铬氧化物	0.81
石膏	0.80～0.90	铜氧化物	0.78
灰泥	0.89～0.91	铁氧化物	0.78～0.82
砖	0.93～0.96	不锈钢及铝材	0.2～0.3

选择功能模式

每按一次模式按钮，温度计显示一种测量模式。

E 显示当前反射（缺省为 0.95）。

↑E↓ 调节辐射率——用上下按钮调节辐射率，按模式按钮确认。

MAX 显示最大测量值。

MIN 显示最小测量值。

dIF 最大与最小间温差。

AVG 平均测量值。

HAL LAL 高/低温警告设置——使用上下按钮调节所学数值，按触发按钮确认设置，当读数超过或低于设定值时，报警图标闪烁并有声音提示。

PRB 将 K 型温度传感器接入插口，温度计自动显示探头温度，按上下箭头可查看最大、最小测量值。

锁定模式

在辐射率、最大值、最小值、温差、平均值模式下，按上下按钮可打开/关闭锁定模式。在锁定模式下，温度计会持续测量温度 60min。

改变℉/℃

按上下按钮，改变温度单位。

背光

按住触发按钮不动，按向上按钮，可开关背光。

激光指示器

按住触发按钮不动，按向下按钮，可开关激光指示。

自动关机

不使用温度传感器时，60s 无操作则自动关机；使用温度传感器时，12min 无操作则自动关机。

存储

－20℃～65℃。

清洁镜头

用软布或绵纸蘸水清洁镜头，待彻底干燥后才能测量，不要将仪表置入水中。

3.1.3 食品中心温度计

Testo－106 食品温度计操作

设备描述

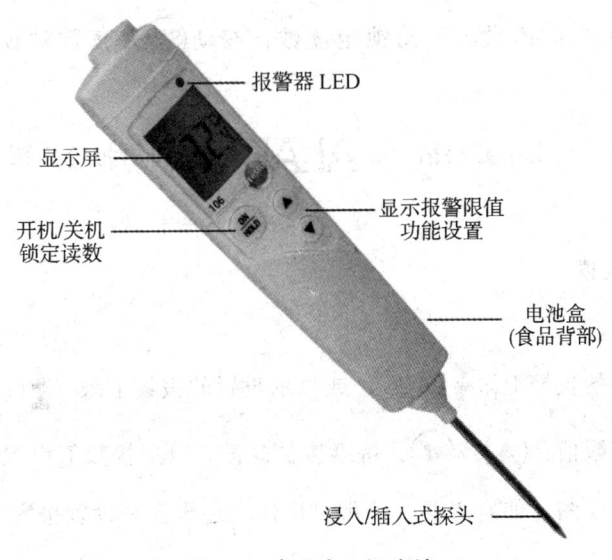

图 3-5 食品中心温度计

主要用途

Testo 106 是一款坚固耐用的食品温度计。

主要应用如下。

(1) 食品领域：食品生产、食品服务业、抽样检测等。

（2）测量液体物质、糊状物和半固体物质。

操作

如果报警声音处于开启状态，则每当超出报警限值或者按动(HOLD/ON)键时，仪器都会发出声音提示。

如果报警灯 LED 处于开启状态，则每当超出报警下限或上限时报警灯闪烁。

如果打开了自动关机功能，则仪器在 10min 内无任何操作时自动关机。

如果打开了自动保持功能，AUTO HOLD 标识闪烁。如果读数在设定的时间段内保持稳定，则该读数被锁定。

AUTO HOLD 标识亮起。

重新开始测量。

1. 开机/关机

（1）打开仪器：(HOLD/ON)。

（2）关闭仪器：持续按(HOLD/ON)。

2. 测量

为确保测量结果的准确性，请注意浸入/插入深度：＞15mm 打开仪器探头插入到被测物体中，显示当前读数，手动锁定读数：按动(HOLD/ON)，读数被锁定，HOLD 标识亮起。

重新开始测量，超出报警限值时，**ALARM**（超出报警上限）↑或↓（低于报警下限）起。

3. 设置报警限值

打开仪器。

（1）显示设置的报警上限↑：(▲)；或显示设置的报警下限↓：(▼)。

（2）设置报警限值：(▲)或(▼)。持续按住此键，以加快数值设置的速度。

（3）返回测量视图，如有必要，可重复操作上述步骤来设置报警上限/下限。

4. 仪器设置

关闭仪器。

（1）打开配置模式：持续按键(HOLD/ON)。

（2）选择温度测量单位（℃或℉）：(▲)，选择确认：(HOLD/ON)。

(3) 打开 AUTO OFF (⎡On⎤) 或关闭 AUTO OFF (⎡OFF⎤)：▲，选择确认：(HOLD ON)。如果自动关机功能（AUTO OFF）开启，置读数稳定（变化小于0.2℃）并锁定下来需要持续的时间（5s，10s，15s 或 20s）：▲，选择确认：(HOLD ON)。

(4) 报警声音，🔊打开 (⎡On⎤) 或报警声音关闭 (⎡OFF⎤)：▲，选择确认：(HOLD ON)。

(5) 报警灯 LED (💡) 打开 ⎡On⎤ 或报警灯 LED 关闭 (⎡OFF⎤)：▲，选择确认：(HOLD ON)。

(6) 打开 AUTO OFF (⎡On⎤) 或者关闭 AUTO OFF (⎡OFF⎤)：▲，选择确认。设置完成，仪器返回到测量视图。

3.2 预冷

3.2.1 知识储备

1. 预冷（Precooling）

预冷农产品是指将刚采收后的农产品的中心温度从田间环境温度快速降到适合冷藏运输和低温仓储温度的过程。

2. 不同预冷方式在加工产品方面的比较

表 3-2 预冷时间比较表

产品种类	产品重量(kg)	产品注射量(%)	真空预冷时间(h)	压差预冷时间(h)	初始温度 T_0（℃）	冷却温度 T（℃）
猪肉火腿	5~6	120	1.9	11.7	70	4
猪肉	5~6	120	2.0	9.4	70	4
牛肉	1.5~2.0	120~145	0.8~1.2	5	72	4
牛肉	3.0~3.5	120~145	1.0	12.1	72	4
牛肉	5	120	2.5~3.4	12.9	72	4
猪肉	5~6	130	2.3	10.5	70	4

3.2.2 预冷参数计算

公式：

$$T = C \times M \times \triangle T / Q$$

式中，T：产品达到冷却温度所需要的时间，单位为 sec；

C：产品的比热，单位为 kJ/（kg·℃）；

M：产品的质量，单位为 kg；

$\triangle T$：产品初始温度与预设温度的温差，单位为℃；

Q：冷却设备的制冷能力，单位为 kW。

关于比热的计算，公式为：

$$C_1 = 0.84 + (0.0335 \times q)$$
$$C_2 = 0.84 + (0.0126 \times q)$$

式中，C_1：高于冻结点的比热，单位为 kJ/（kg·℃）；

C_2：低于冻结点的比热，单位为 kJ/（kg·℃）；

q：产品的水分含量，单位为%。

表 3-3 部分农产品的比热、水分含量和最佳仓储温度

果蔬产品	高于冻结点的比热 [kJ/（kg·℃）]	低于冻结点的比热 [kJ/（kg·℃）]	水分含量 (%)	最佳仓储温度 ℃
苹果	3.66	1.90	84.1	-1.1
杏	3.70	1.92	85.4	-0.6
鳄梨	3.59	1.87	82.0	7.2
香蕉	3.35	1.78	74.8	13.3
浆果类	3.65	1.90	84.0	-0.6
樱桃	3.53	1.85	80.4	-0.6
椰子	2.41	1.43	46.9	0
蔓越橘	3.77	1.94	87.4	2.2
无核葡萄干	3.68	1.91	84.7	0
枣椰子（加工）	1.51	1.09	20.0	-2.2
果脯	1.78	1.19	28.0	0
无花果（新鲜）	3.45	1.82	78.0	0
葡萄柚	3.81	1.96	88.8	14.4

续表

果蔬产品	高于冻结点的比热 [kJ/ (kg·℃)]	低于冻结点的比热 [kJ/ (kg·℃)]	水分含量 (%)	最佳仓储温度 (℃)
葡萄	3.57	1.87	81.6	−0.6
柠檬	3.83	1.97	89.3	12.8
莱姆酸橙	3.62	1.88	82.9	8.9
西瓜	3.75	1.94	87.0	4.4
橄榄（新鲜）	3.36	1.79	75.2	7.2
橘子	3.76	1.94	87.2	2.2
桃	3.82	1.96	89.1	0
梨	3.61	1.88	82.7	−1.1
未熟透的凤梨	3.70	1.91	85.3	10.0
成熟的凤梨	3.70	1.91	85.3	4.4
李子	3.60	1.88	82.3	−0.6
梅干	3.60	1.88	82.3	−0.6
葡萄干	1.97	1.38	—	4.4
覆盆子	1.86	1.86	80.6	−0.6
草莓	3.85	1.97	89.8	−0.6
洋蓟	3.64	1.89	83.7	−0.6
芦笋	3.96	2.01	93.0	2.5
绿豆类	3.82	1.96	88.9	7.2
青豆类	3.07	1.68	66.5	4.4
甜菜	3.77	1.94	87.6	0
花椰菜	3.85	1.97	89.9	0
芽洋白菜	3.85	1.97	89.9	0
卷心菜	3.94	2.00	92.4	0
胡萝卜（成捆）	3.79	1.95	88.2	0
胡萝卜（成箱）	3.79	1.95	88.2	0
花椰菜	3.91	2.00	91.7	0
芹菜	3.98	2.02	93.7	0
甘蓝叶	3.75	1.93	86.9	0

续表

果蔬产品	高于冻结点的比热 [kJ/(kg·℃)]	低于冻结点的比热 [kJ/(kg·℃)]	水分含量 (%)	最佳仓储温度 (℃)
玉米（新鲜）	3.32	1.77	73.9	0
黄瓜	4.06	2.05	96.1	10.0
茄子	3.95	2.01	92.7	10.0
菊莴苣	3.97	2.02	93.3	0
大蒜（干）	1.86	1.22	30.5	0
青菜（带叶）	3.72	1.92	86.0	0
甘蓝类蔬菜	3.74	1.93	86.6	0
莴苣	4.02	2.03	94.8	0
大葱（新鲜）	3.70	1.92	85.4	0
蘑菇	3.89	1.99	91.1	0
秋葵	3.85	1.97	89.8	7.2~10
洋葱	3.77	1.94	87.5	0
荷兰芹	3.69	1.91	85.1	0
荷兰防风草	3.47	1.83	78.6	0
嫩豌豆	3.61	1.88	82.7	0
胡椒	3.94	2.00	92.4	7.2~10
马铃薯	3.56	1.86	81.2	3.3
番薯	3.13	1.70	68.5	12.8
南瓜	3.87	1.98	90.5	12.8
萝卜	3.98	2.02	93.6	0
大黄	4.02	2.04	94.9	0
芥菜	3.82	1.96	98.1	0
泡菜（小桶装）	3.83	1.96	89.2	0
菠菜	3.95	2.01	92.7	0
橡实南瓜	3.87	1.98	90.5	7.2
夏产南瓜	3.99	2.02	94.0	7.2
冬产南瓜	3.81	1.96	88.6	10.0
未熟透的番茄	3.96	2.01	93.0	12.8
成熟的番茄	3.99	2.03	94.1	10.0
芜菁	3.91	1.99	91.5	0

续表

果蔬产品	高于冻结点的比热 [kJ/(kg·℃)]	低于冻结点的比热 [kJ/(kg·℃)]	水分含量 (%)	最佳仓储温度 (℃)
蔬菜种子	1.24	0.99	12.0	0
各种混合蔬菜	3.92	2.00	92.0	1.7

注：1. 最佳温度可能随产品种类或种植地点的不同而不同；

2. 部分数值为平均值

来源：《Krack制冷量估算工程手册》。

表3-4 各种产品的最佳预冷方式

产品		操作量		备注
		小型	大型	
木本果实	柑橘类水果	冷室预冷	冷室预冷；强制风冷	杏不能用水冷
	核果	强制风冷	强制风冷；水冷	
	仁果类水果	冷室预冷	强制风冷；水冷；冷室预冷	
	亚热带水果	强制风冷	强制风冷；水冷；冷室预冷	
	热带水果	强制风冷	强制风冷	
	浆果类	强制风冷	强制风冷	
	猕猴桃	强制风冷	强制风冷	
	葡萄	强制风冷	强制风冷	需要能适应二氧化硫熏蒸的速冷设施
叶类蔬菜	卷心菜	强制风冷	真空预冷；强制风冷	
	卷心莴苣	强制风冷	真空预冷	
	甘蓝	强制风冷	真空预冷；冷室预冷；洒水真空预冷	
	生菜、菠菜、大白菜、小白菜、莴苣	强制风冷	真空预冷；冷室预冷；洒水真空预冷；水冷	
根菜类蔬菜	Without tops	水冷；强制风冷	水冷；强制风冷	胡萝卜可以用真空预冷
	Topped	水冷；冰冷；强制风冷	水冷；冰冷	
	爱尔兰土豆		带有蒸发制冷器的冷室预冷	加工操作需要使用带有蒸发制冷器的设备
	甜土豆	冷藏室冷却	水冷	

续表

产品			操作量		备注
			小型	大型	
茎类和花菜类蔬菜	洋蓟		强制风冷；冰冷	水冷；冰冷	
	芦笋		水冷	水冷	
	花椰菜、抱子甘蓝		强制风冷；冰冷	水冷；强制风冷；冰冷	
	花椰菜		强制风冷	强制风冷；真空预冷	
	芹菜、大黄		水冷；强制风冷	水冷；洒水真空冷却；真空预冷	
	葱、韭菜		冰冷	冰冷；水冷；洒水真空冷却	
	蘑菇		强制风冷	强制风冷；真空预冷	
豆荚类蔬菜	菜豆		强制风冷	水冷；强制风冷	
	豌豆		强制风冷；冰冷	强制风冷；冰冷；真空冷却	
葱蒜类蔬菜	干洋葱		冷室预冷	冷室预冷；强制风冷	
	大蒜			冷室预冷	
水果型蔬菜	黄花菜、茄子		强制风冷；强制风冷（带蒸发设备）	冷室预冷；强制风冷；强制风冷（带蒸发设备）	
	瓜类	甜瓜	强制风冷；强制风冷（带蒸发设备）	水冷；强制风冷；冰冷	
		蜜瓜	强制风冷；强制风冷（带蒸发设备）	强制风冷；冷室预冷	
		西瓜	强制风冷；冷室预冷	强制风冷；水冷	
	辣椒		强制风冷；强制风冷蒸发冷却	冷室预冷；强制风冷蒸发冷却；真空预冷	
	西葫芦、秋葵		强制风冷；强制风冷蒸发冷却	冷室预冷；强制风冷；强制风冷蒸发冷却	
	甜玉米		水冷；强制风冷；冰冷	水冷；真空冷却；冰冷	
	番茄			强制风冷；强制风冷蒸发冷却	
	笋瓜			冷室预冷	
新鲜草本植物	未包装		强制风冷；冷室预冷	水冷；强制风冷	
	已包装		强制风冷；冷室预冷	强制风冷	在水冷中易被水流冲击而发生损坏
仙人掌	仙人掌叶		强制风冷	冷室预冷	
	仙人掌果		强制风冷	冷室预冷	

来源：《冷却果蔬产品》。

3.2.3 胡萝卜切片冷冻干燥实验

1. 实验目的

(1) 了解食品物料冷冻干燥过程,观察冷冻干燥后食品的变化。
(2) 掌握食品冷冻干燥的一般工艺流程及熟悉相关实验设备的操作程序。
(3) 掌握食品冷冻干燥过程的原理。

2. 实验设备

果蔬切片机、低温冷冻库、冷冻干燥设备。

3. 实验材料

胡萝卜。

4. 实验原理

冷冻干燥法的关键所在是物料中的液体速冻成冰,利用冰的升华性能使物料中的水分从固态直接汽化,从而达到干燥物料的目的,简称冻干。冷冻干燥法能保持物料的色、香、味和营养成分不流失,能保留产品完整的生物活性和化学结构。冷冻干燥过程分为冷冻、升华、再干燥三个阶段,每一个阶段都有相应的要求,冷冻干燥产品的质量取决于各阶段工艺设计及控制手段的差异。

5. 胡萝卜冷冻干燥的一般工艺流程

原料分选——清洗——去皮——切片——漂烫（杀青）——装盘——冻结——升华干燥——解吸干燥——挑选计量——包装——成品。

6. 实验步骤

胡萝卜冻干可以分为前处理、冻结、升华干燥、后处理 4 道工序。

1) 胡萝卜冻干的前处理

原料分选：应选择整个原料为橙红色、表面光滑、短粗、纹理细致、大小一致且勿过老者为宜。

清洗：将合格的原料进行清洗,洗净表面泥沙及污物,再将头部约 5mm、尾部 2~3cm 切去,以免影响产品的质量。

去皮：去皮可除去胡萝卜茎皮含有的苦味物质。去皮有多种方法,如手工法、蒸汽法、化学法等。蒸汽法是在 0.48MPa 压力蒸汽中经过 40~100s 或者在 0.69MPa 压力蒸汽中经过 25~30s 进行加热去皮。化学法中的碱液去皮,其氢氧化钠浓度为 4%~6%,温度为 92℃~98℃,时间为 2~3min。经碱液去皮,立即用流动清水漂洗,用

pH试纸测试呈中性为止。在工业化生产中,主要采用蒸汽法和碱液法进行去皮。

切片:对去皮后的胡萝卜切成3~6mm厚的片。

漂烫(杀青)与冷却:漂烫(杀青)就是对酶进行钝化和失活处理,同时通过漂烫可以杀灭原料表面的微生物,除去原料组织内的空气,有利于减少成品中Vc和类胡萝卜素因氧化造成的损失,在较长时间内保持冻干胡萝卜片色泽鲜艳。因此,将切片后的胡萝卜置于沸水中浸烫3~4min后,立即进入0℃~5℃的冷水中进行降温冷却,冷却的时间越短越好。

沥干:经冷却后的胡萝卜片表面会滞留一些水滴。这对冻结是不利的,容易使冻结后的胡萝卜片结成块,不利于下一步的真空干燥,在震动沥水机上进行震动沥水,除去表面水滴。

2) 冻结

胡萝卜共晶点温度为-10℃~-15℃,在实际生产中冻结的温度一般都比共晶点温度低10℃,胡萝卜冻结温度在-25℃。

3) 升华干燥

升华干燥:胡萝卜的升华干燥即第一阶段干燥,将装盘冻结好的胡萝卜片在真空冻干舱内,利用加热板辐射的热量进行加热,其冰晶就会吸热升华变成水蒸气逸出而使胡萝卜脱水干燥。一般升温速率控制在(0.10℃~0.2℃)/min,直到完成中心部分的升华。这一过程需要10~11h,真空度为80~100Pa,此时胡萝卜片的含水量为8%~10%。

解析干燥:解析干燥即第二阶段干燥。在升华干燥结束后,为了进一步除去胡萝卜细胞中没有冻结的结合水,这时水分的吸附能量高,如果不给予足够的能量,它们不能解析出来,因此,这个阶段的物料温度应足够高,胡萝卜的最高温度是55℃。为使水蒸气有足够的推动力逸出,应在胡萝卜内外形成较大的压差。因此,这阶段应有较高的真空度(80Pa以下),这一过程需要2~3h,含水量可达到3%,符合加工产品要求。

4) 后处理

干燥结束后,应立即进行充氮或真空称量包装。根据产品要求,对冻干胡萝卜进行拣选。

思考题

1. 冷冻干燥升华产生水蒸气以什么方法除去?

2. 是不是真空度越大冷冻干燥效果越好?

3.2.4 果蔬汁液冰点的测定

1. 实验目的与原理

冰点是果蔬重要的物理性状之一，对于许多种果蔬来说，测定冰点有助于确定其适宜的贮运温度及冻结温度。

液体在低温条件下，温度随时间下降，当降至该液体的冰点时，由于液体结冰放热的物理效应，温度不随时间下降，过了该液体的冰点，温度又随时间下降。据此，测定液体温度与时间的关系曲线，其中温度不随时间下降的一段所对应的温度，即为该液体的冰点。

测定时有过冷现象，即液体温度降至冰点时仍不结冰，可用搅拌待测样品的方法防止过冷妨碍冰点的测定。

2. 材料与仪器设备

1）材料

苹果、梨、葡萄、猕猴桃、蒜苔、花椰菜等新鲜果蔬。

2）仪器设备

标准温度计（测定范围 $-10℃\sim10℃$，准确 $\pm0.1℃$），冰盐水（$-6℃$以下，适量），手持榨汁器、烧杯、玻棒、纱布、钟表、离心机、大容量冰箱。

3. 测定方法

取适量待测样品在榨汁器榨取汁液，用离心机离心取上清液，二层纱布过滤，滤液盛于小烧杯中，滤液要足够浸没温度计的水银球部，将烧杯置于冰盐水中，插入温度计，温度计的水银球必须浸入汁液中。不断搅拌汁液，当汁液温度降至 $2℃$ 时，开始记录温度随时间变化的数值，每30s记一次。

温度随时间不断下降，降至冰点以下时，由于液体结冰发生相变释放潜热的物理效应，汁液仍不结冰，出现过冷现象。随后温度突然上升至某一点，并出现相对稳定，持续时间几分钟。此后汁液温度再次缓慢下降，直到汁液大部分结冰。

4. 冰点的确定

画出温度—时间曲线，曲线平缓处相对应的温度即为汁液的冰点温度。冰点之前曲线最低点为过冷点，过冷点因冰盐水的温度不同而有差异。

3.2.5 不良环境对植物细胞膜的伤害

1. 知识储备

最大冰晶生成带（Zone of Maximum Ice Crystal Formation）：
食品肌肉组织中的水分生成最大冰晶量的温度范围，指 $-5℃\sim-1℃$ 的温度范围，大部分食品在此温度范围内约 80% 的水分形成冰晶。

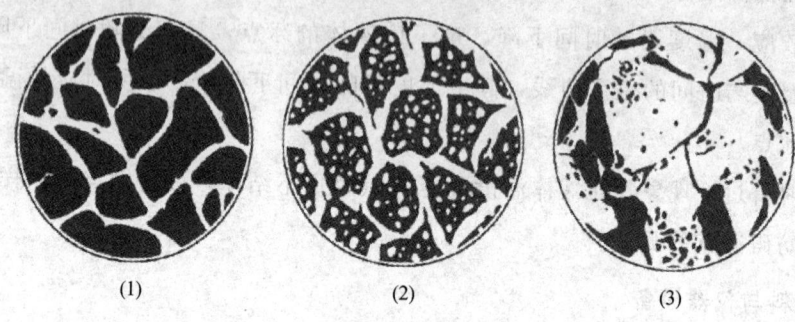

图3-6 冻结速度对肉质地影响示意图

注：1. 未冷冻：尚未冷冻前的肌肉组织细胞；
2. 急速冷冻：肌肉细胞当中会产生极小的冰晶，对组织的额上还较少；
3. 缓慢冻结：冰晶较大而压缩到组织，变得像海绵一样的口感

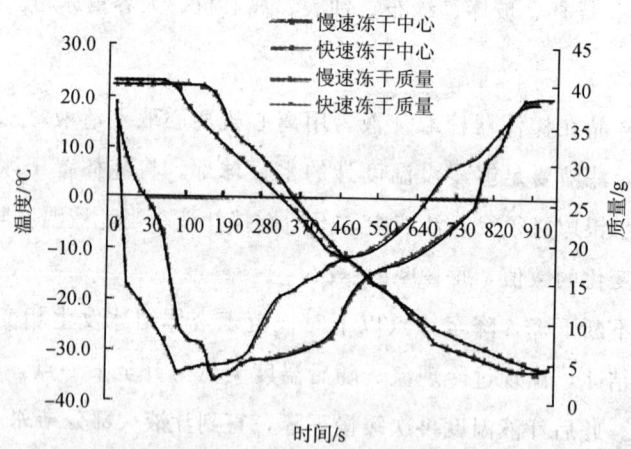

图3-7 草莓冻干过程中温度与质量的变化趋势

2. 实验原理

植物组织在受到各种不利的环境条件（如干旱、低温、高温、盐渍和大气污染）危害时，细胞膜的结构和功能首先受到伤害，细胞膜透性增大。若将受伤害的组织浸入无离子水中，其外渗液中电解质的含量比正常组织外渗液中含量增加，组织受伤害

越严重,电解质含量增加越多。用电导仪测定外渗液电导率的变化,可反映出质膜受伤害的程度。在电解质外渗透的同时,细胞内可溶性有机物也随之渗出,引起外渗液可溶性糖、氨基酸、核苷酸等含量增加,氨基酸和核苷酸对紫外光有吸收,对紫外分光光度计测定受伤害组织外渗液消光值,同样可反映出质膜受伤害的程度。用电导仪法和紫外法测定结果有很好的一致性。

3. 材料与仪器设备

1)仪器设备

DDS—11A 型电导仪法、扫描紫外分光光度计、真空泵、真空干燥器、三用水浴、摇床(震荡用)、离心机、打孔器、剪刀、洗瓶、试管、移液管、玻璃棒、滤纸、显微镜。

2)试剂

去离子水。

3)材料

低温处理过的黄瓜、番茄。

4. 方法步骤

1)清洗器具

由于电导仪变化非常灵敏,稍有杂质即产生很大误差。因此,所用玻璃器具均需先用热肥皂水洗,再用洗液洗涤,然后用自来水、无离子水各冲四到五遍(最好是容器口朝下用水冲)。向洗净的试管中加入去离子水,用电导仪测定电导值,检查试管是否确实洗净。

2)取样及处理

选取果品,一份放入适温下贮藏,另一份放入过低温度下使其受冷害,作为处理。用打孔器及切片器将样品制成厚薄均匀,大小一致的组织圆片,精确称取 20g(或 10 个圆片),放入试管内,用去离子水冲洗三次,然后加入 300mL 去离子水。对照和处理均设 3~4 个重复。

将试管放入真空干燥器内,开动真空泵抽气 10min,以抽出细胞间隙的空气。缓慢放入空气,水即渗入细胞间隙,组织圆片变成透明状,细胞内溶质易于渗出,取出试管,间隔几分钟用摇床振荡一次,在室温下保持 30min,用离心机离心,取上清液测定电导值和吸光度。

3)测定

将 DDS—11A 型电导仪电极插入试管,测定外渗液的电导值 L_1,用扫描紫外分光光度计扫描最大吸收波长,记录吸光度 L_1。测定之后,将上清液倒回原试管放入水浴锅沸水中 5min 以杀死组织。待冷至室温后,用离心机离心,取上清液再次测定外渗液的电导值 L_2,用扫描紫外分光光度计扫描最大吸收波长 L_2,记录吸光度。

4) 计算

(1) 以细胞膜相对透性大小表示细胞受害的程度,通常按下列公式计算:

$$细胞膜相对透性(\%) = L_1/L_2 \times 100$$

式中,L_1:组织杀死前外渗液的电导值或吸光度;

L_2:组织杀死后外渗液的电导值或吸光度。

(2) 直接计算细胞膜伤害率,通常采用下式计算:

$$伤害率(\%): \left(1 - \frac{1 - T_1/T_2}{1 - C_1/C_2}\right) \times 100$$

式中,C_1:对照组织杀死前外渗液的电导值;

C_2:对照组织杀死后外渗液的电导值;

T_1:处理组织杀死前外渗液的电导值;

T_2:处理组织杀死后外渗液的电导值。

(3) 对比电导法与吸光度法测定植物细胞膜伤害率差别,分析方法的准确性。

5) 显微镜观察植物组织冻害

取未发生冻害和发生不同程度冻害植物组织,切成透明薄片,放在显微镜下观察,拍摄冻害组织发生情况,分析冻害发生原因及可能过程。

附:电导仪使用方法。

(1) 将电极引线接到仪器相应接线柱上。

(2) 接上稳压器,接通电源,打开电源开关。

(3) 将开关拨向"校正"位置,调整调节器,使指针达到满偏。

(4) 将开关拨向"测定"位置,指针应回到 0 点。

(5) 拨动选择测定范围旋钮,使其处于测定范围之内,如不知测量范围,应先放在最大量程位置上,由大到小逐级调整。

(6) 将电极用凉蒸馏水冲洗干净,并用滤纸吸去附着的水分。放在需测组织提取液中,待指针稳定后,读出指针所指数值,此数值即该提取液的电导度。

(7) 按上述方法测定组织圆片杀死后提取液电导度。

(8) 将电极用蒸馏水冲洗干净,放在水中,如长期不用,则应将电极洗净晾干包装收藏。

注意事项:

电导率测定的整个过程均需在恒温下进行,因为温度不仅影响细胞内离子内外渗透速度，而且影响提取的电导率，一般每升高1℃，电导率约增加2%，通常以25℃为标准温度，如不在25℃下测定，则要求把电导率换算为标准温度25℃的电导率。

3.3 冷库

3.3.1 知识储备

1. 各级冷库温度范围

表3-5 各级冷库温度范围

冷藏库温度范围				
序号	名称	等级	温度范围	主要储藏物品
1	高温库	L级	−5℃～5℃	果蔬、蛋类、药材、木材保鲜干燥等
2	中温库	D级	−10℃～−18℃	肉类、水产品及适合该温度范围的产品
3	低温库	J级	−28℃～−23℃	雪糕、冰淇淋及低温食品等
4	超低温库		−30℃	速冻食品、工业及医疗等特殊用

2. 标准冷库库体尺寸

（1）聚苯乙烯（泡沫板）保温库体（面板有彩钢板、花铝板、不锈钢、浮雕铝板、镀锌板）。

表3-6 标准聚苯乙烯保温库体尺寸

序号	名义容积（m³）	名义面积（m²）	外形尺寸（mm×mm×mm）
1	10	4	2292×2392×2400H
2	15	6	3538×2292×2400H
3	25	10	3438×3538×2400H
4	32	15	4648×3438×2400H
5	45	18	4584×4684×2400H
6	55	22	5730×4684×2400H
7	68	30	5730×5830×2400H
8	83	36	6976×5730×2400H
9	97	43	6876×6976×2400H

注：L级冷库推荐厚度100mm，D级冷库推荐厚度150mm，J级冷库推荐厚度200mm

(2) 聚氨酯保温库体（面板有彩钢板、花铝板、不锈钢、浮雕铝板、镀锌板）。

表 3-7 聚氨酯保温库体尺寸

序号	名义容积（m³）	名义面积（m²）	外形尺寸（mm×mm×mm）
1	10	3	1800×2700×2400H
2	15	6	2700×2700×2400H
3	20	8	3600×2700×2400H
4	30	11	3600×3600×2400H
5	45	17	5400×3600×2400H
6	55	21	5400×4200×2400H
7	68	27	5730×5400×2400H
8	80	31	6300×5400×2400H
9	95	39	6300×6300×2400H

注：L级冷库推荐厚度75mm，D级冷库推荐厚度100mm，J级冷库推荐厚度150mm

以上库体组合尺寸供用户参考，可根据设计要求组合成任意尺寸。

3. 冷库存储货物的量

表 3-8 1000m³ 以下中小型冷库面积与货物存储量对应参考表

冷库面积（m²）	冷库高度（m）	冷库体积（m³）	存放物品	存储量（t）
7	3	20	水果蔬菜	1.84
7	3	20	冻肉	3.2
10	3	30	水果蔬菜	2.76
10	3	30	冻肉	4.8
15	3	45	水果蔬菜	4
15	3	45	冻肉	6.4
20	3	60	水果蔬菜	5.52
20	3	60	冻肉	9.6
30	3	90	水果蔬菜	8.28
30	3	90	冻肉	14.4
40	3	120	水果蔬菜	11.04
40	3	120	冻肉	19.2
50	3	150	水果蔬菜	13.8
50	3	150	冻肉	24

续表

冷库面积（m²）	冷库高度（m）	冷库体积（m³）	存放物品	存储量（t）
100	3	300	水果蔬菜	27.6
100	3	300	冻肉	48
200	3	600	水果蔬菜	55.2
200	3	600	冻肉	96
500	3	1500	水果蔬菜	138
500	3	1500	冻肉	240
1000	3	3000	水果蔬菜	276
1000	3	3000	冻肉	480

3.3.2 冷库的机构及特点

冷链运输、调配和仓储各个环节都需要专业化的设施和设备，对硬件、软件和资金的要求均较高。除去土建、房屋厂棚建设及人工费用，仅冷库库房建设就需要投入870～900元/立方米。按照平均5万～20万 m³ 的设计规模来看，冷库库房仅建设成本就要高出普通仓库0.45亿～1.8亿元。此外，冷库日常运营中的耗电以及冷设备进行检修等日常运营费用也大幅超出一般仓储中心，发展冷链物流整体成本显著高于发展普通物流项目。

一般冷链土建工程成本在1600元/平方米左右。该仓储中心共有冷库6900m²，加工包装车间1000m²，配送中心8500m²。

表3-9 冷库设施设备投资

冷库设施设备项目	投资金额（万元）
冷库系统设施设备	500
配送中心设施设备	200
检验设施设备	20
供电设施设备	20
供排水设施设备	50
消防设施设备	10

情境实训　参观中小型冷库

1. 目的

（1）通过对中小型冷库的参观，了解中小型冷库的基本组成和冷库的运行管理。

（2）了解当地主要果蔬贮藏库种类、贮量、贮藏方法、管理技术贮藏效益。

2. 材料用具

笔记本、笔、尺子、温度计等。

3. 教师指导

调查提纲的拟订。

贮藏库的布局与结构：库的排列与库间距离、工作间与走廊的布置及其面积、库房的容积。

建筑材料：隔热材料（库顶、地面、四周墙）的厚度；防潮隔热层的处理（材料、处理方法和部位）。

主要设备：①制冷系统：冷冻机的型号规格、制冷剂、制冷量、制冷方式（风机和排管）；制冷次数和每次时间；冲霜方法、次数。②气调系统：库房气密材料、方式；密封们的处理；降氧机型号、性能、工作原理；氧气、二氧化碳和乙烯气体的调整和处理。温湿度控制系统：仪表的型号和性能及其自动化程度。③其他设备：照明、覆盖、防火用具等。

贮藏管理经验：①对原料的要求：种类、产品、产地；质量要求（收获时期、成熟度、等级）；产品的包装用具和包装方法。②管理措施：库房的清洁与消毒；入库前的处理（预冷、挑选、分级）；入库后的堆码方式（方向、高度、距离、形式、堆的大小、衬垫物等）；贮藏数量占库容积的百分数；如何控制温度、湿度、气体成分，检查制度，管理制度以及特殊的经验；出库的时间和方法。

经济效益分析：贮藏量、进价、贮藏时期、销售价、毛利、纯利。

4. 实训要求

（1）遵守参观单位的规章制度和参观要求，按照调查提纲尽量多地完成调查内容。

（2）遵守交通安全和生产安全。

（3）做好笔记，积极询问，认真思考，补充资料，完善报告。

（4）对调查报告的内容、格式、字数、交报告的时间提出要求。

5. 学生实训

按照老师的指导，编写一个调查提纲。调查提纲的形式可以采取问题式提纲或表格式提纲（见表3-10），例如：

(1) 贮藏的品种有哪些？

(2) 贮藏库的容量有多大？

(3) 贮藏的时期有多长？

(4) 贮藏的环境条件如何控制？

(5) 贮藏中存在哪些问题？

(6) 已经解决的问题有哪些？

(7) 没有解决的问题有哪些？

表 3-10　当地主要贮藏设施性能指标调查

贮藏方式	贮藏种类	库址选择	建筑材料	通风系统	贮藏容量	贮藏品种	贮藏效果
简易贮藏							
机械冷藏							
气调贮藏							
其他贮藏							
辅助措施							

将调查的内容整理成调查报告。

分析该贮藏库存在的问题，提出改进建议。

6. 师生互动

(1) 学生请老师修改果蔬贮藏库的调查提纲。

(2) 老师认真阅读每个学生的调查提纲，并提出修改建议。

(3) 根据学生在参观过程中的表现，提示学生抓住重点问题询问。

(4) 老师对学生在实训过程中的表现和调查报告质量进行小结，鼓励表现好的同学。

(5) 安排1~2h的参观实训交流活动，师生共同总结实训的收获体会。

思考题

1. 本次实训你最大的收获是什么？

2. 本次实训你的成功之处有哪些？不足之处有哪些？如何改进？

3. 参观活动后有什么收获与感想？

表 3-11　参观活动后收获与感想报告

姓名		班级		学号		时间	
参观单位							
收获与感想							
疑难问题及解答							

3.3.3　小型冷库制冷系统原理基础知识

1. 实训目的

（1）了解小型冷库制冷系统的组成。

（2）了解小型冷库制冷系统工作流程及原理。

2. 实训设备

THRHXK-1 实训装置。

3. 实训内容

本实训装置主要由三匹全封闭制冷机组、拼装式冷库和控制台三大部分组成。

（1）小型冷库制冷系统流程图如图 3-8 所示。

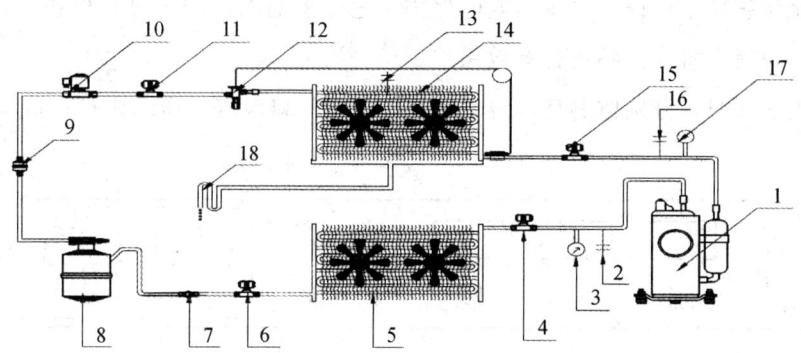

图 3-8 小型冷库系统图

1—压缩机；2—排气温度表；3—排气压力表；4—手阀 1；5—冷凝器；6—手阀 2；7—视液镜；
8—储液器；9—干燥过滤器；10—供液电磁阀；11—手阀 3；12—热力膨胀阀；13—库内温度控制器；
14—冷风机；15—手阀 4；16—吸气温度表；17—吸气压力表；18—冷库出水口

(2) 拼装式冷库如图 3-9 所示。

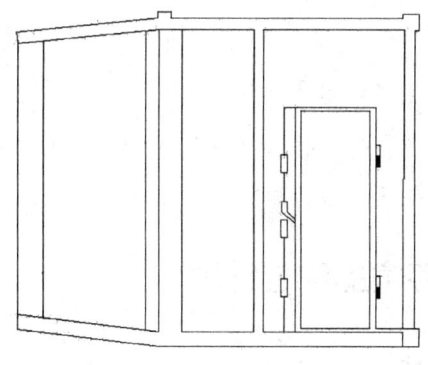

图 3-9 拼装式冷库

此冷库为小型中温库（-15℃以上），发泡保温层采用聚氨酯夹心板，外层为不锈钢板，库内配有防潮灯、吊顶式冷风机和化霜加热丝等，冷库的具体参数如下。

①外形尺寸：$192\times192\times200 cm^3$。

②库板厚度：100mm。

③库板吸水率：<0.3kg/m^2。

④库板导热系数：<0.022 单位 W/(m^2·℃)。

(3) 控制台包括以下几个部分。

①电源控制面板。

②交流电源：提供控制屏工作所需的三相交流电源，可由电源总开关来控制。配有三只指针式交流电压表，分别指示输入三相电网电压值，其面板图如图 3-10 所示。

③安全保护体系：设有电压型漏电保护、电流型漏电保护、过流保护、过载保护、接地保护，可对人身及设备进行有效保护。

④温度表3只：分别监测环境温度、压缩机吸气口温度及压缩机排气口温度。

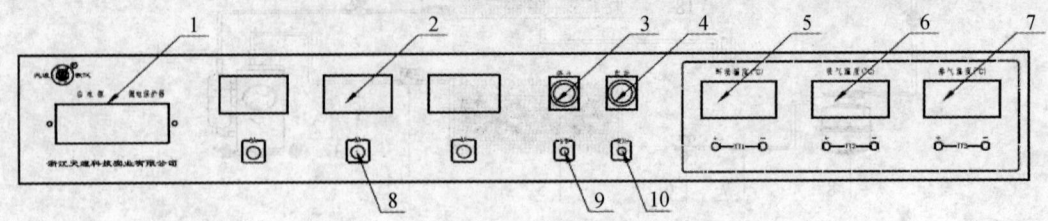

图 3-10　电源控制面板

1—漏电保护器；2—电源电压表（3只）；3—启动按钮；4—停止按钮；5—环境温度表；
6—吸气温度表；7—排气温度表；8—保险丝（3只）；9—复位按钮；10—漏电报警指示灯

思考题

1. 小型冷库制冷系统主要由哪几部件组成？
2. 供液电磁阀在系统中主要起什么作用？
3. 储液器在系统中主要起什么作用？

3.3.4　冷库储存食品吨位计算

1. 冷库容量的计算方法

冷库吨位计算公式：

活动冷库吨位＝冷藏间的内容积×容积利用系数×食品的单位重量

活动冷库冷藏间的内容积＝库内长×宽×高（m³）

表 3-12　冷库的容积利用系数

序号	体积（m³）	容积利用系数
1	500～1000	0.40
2	1001～2000	0.50
3	2001～10000	0.55
4	10001～15000	0.60

2. 活动冷库的食品单位重量

表3-13 常见食品单位质量量

序号	食品种类	单位质量（t/m³）
1	冻肉	0.40
2	冻鱼	0.47
3	鲜果蔬	0.23
4	机制冰	0.75
5	冻羊腔	0.25
6	去骨分割肉或副产品	0.60
7	箱装冻家禽	0.55

3. 活动冷库入库量计算方法

（1）在仓储业中，最大入库量的计算公式为：

$$有效内容积（m^3）= 总内容积（m^3）\times 0.9$$

$$最大入库量（t）= 总内容积（m^3）/2.5m^3$$

（2）活动冷库实际的最大入库量。

$$有效内容积（m^3）= 总内容积（m^3）\times 0.9$$

$$最大入库量（t）= 总内容积（m^3）\times（0.4\sim 0.6）/2.5m^3$$

0.4~0.6是由冷库的大小及储藏物决定的。

（3）实际使用的日入库量。

在没有特殊指定的场合，实际使用的日入库量按照最大入库量（t）的15%或30%计算（一般小于100m³的按30%计算）。

3.3.5 冷库系统性能测试综合实验

1. 实验目的

（1）掌握冷库性能测试方法，熟悉冷库热工性能测试所需的参数；
（2）了解试验标准JBT 9061－1999《组合冷库》；
（3）了解计算机数据采集系统的组成。

2. 冷库测试系统介绍

1）系统组成

本系统是根据中华人民共和国机械行业标准JBT 9061－1999《组合冷库》搭建，

由冷库、测试系统和模拟负荷系统等三个系统组成。可以对冷库进行降温速率测试、漏热系数测试、制冷机组的制冷量的测试及其他目的的测试。

2）冷库

冷库为一装配式冷库，分为高温冷库（小库）和低温冷库（大库），其中低温冷库（大库）装有下述的测试系统。该低温冷库有2套380VA的压缩机冷凝器机组。其中一套是蓝色的美优乐MT80HP4VE（以下简称A机组）；另一套是绿色的日立300SF2－F（以下简称B机组）。A机组的制冷剂供给低温冷库中的大蒸发器，以下简称蒸发器1，B机组的制冷剂供给低温冷库中2台小蒸发器，以下简称蒸发器2和蒸发器3。两套系统有各自的电控箱控制，A机组由北墙上的电控箱控制。B机组由西墙上的电控箱控制。B机组有可控的热气除霜功能和电气化霜功能，A机组具有可控的电气化霜功能。两套机组的一些参数如表3-14所示。

表3-14 制冷机组主要参数

部件	型号	颜色	电机功率	制冷量（kW）	风量（m³/h）
压缩机	美优乐MT80HP4VE	蓝色	23A（最大）	6.3 （$t_o=-20℃$） （$t_k=40℃$）	
蒸发器			0.25×2	6	3000×2
压缩机	日立300SF2－F	绿色	2.2kW	3.6 （$t_o=-20℃$） （$t_k=35℃$）	
蒸发器	BRC 14D7×2		0.150×2	1.3×2	1217×2

3）测试系统

本系统由压力变送器、铂电阻温度探头、A/D模块、热电阻模块、通讯模块和计算机组成。

A/D模块和热电阻模块分别用于把压力变送器和铂电阻温度探头测得的信号转换成数字信号，由通信模块转换后按RS232通信协议传送入计算机进行处理。上述压力变送器、铂电阻温度探头和模块及计算机之间的接线如图3-11所示。

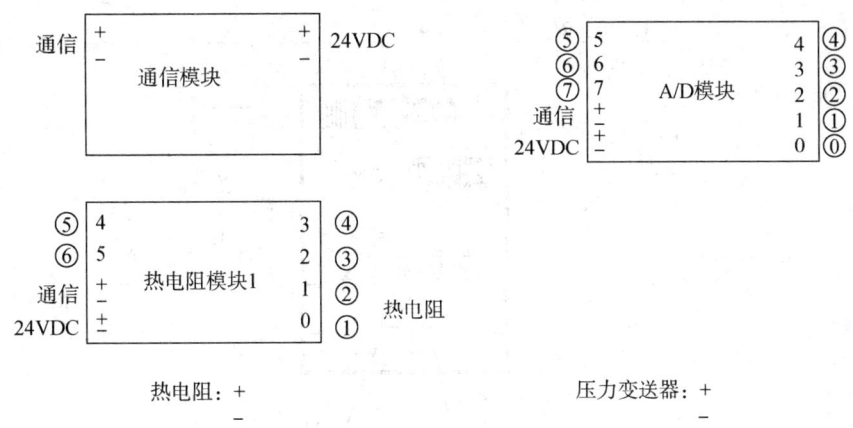

图 3-11 压力变送器、热电阻温度探头和模块之间的接线

4）模拟负荷系统

模拟负荷系统由固定功率的电加热器和 PID 控制的电加热器组成。本系统使用了多个 600W 的电加热器来模拟冷库的负荷，分 4 路。其中 3 路均布，另有单独 1 路 PID 控制器控制。进行漏热系数测试时，仅 PID 控制器的 1 路电热器通电，因为此时实际需要的热量很小。整个模拟负荷系统由一个电气控制箱控制，该电气控制箱的面板布置如图 3-12 和图 3-13 所示。

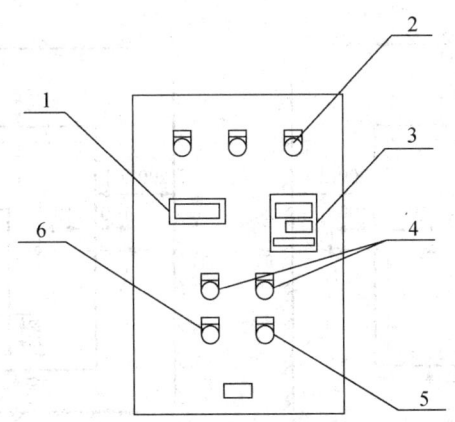

图 3-12 电气控制箱的面板布置

1—电源电压表；2—电源电压指示灯；3—温度显示调节仪；
4—电加热器指示灯；5—电加热器启动按钮；6—电加热器停止按钮

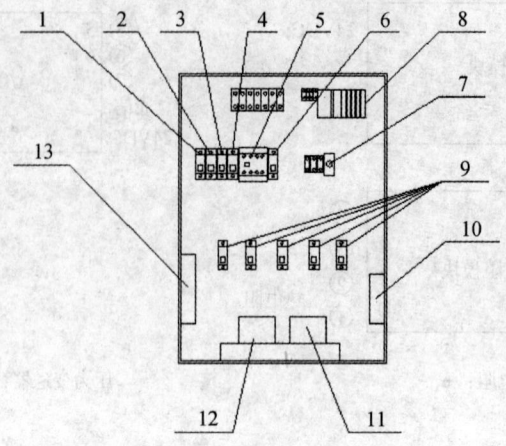

图 3-13 电气控制箱的内部布置

1，2，3—A，B，C 相断路器；4—低压直流稳压电源断路器；5—接触器；
6—可接硅电源断路器；7—热继电器；8—可接硅调压模块；9—电量变送器；
10—A/D 模块；11—5V 稳压电源；12—12V 稳压电源；13—24V 稳压电源

5）测点布置

（1）空气温度测点布置如图 3-14 所示。

图中温度测点位置，库内 7 个点，库外 5 个点，共 12 个点。

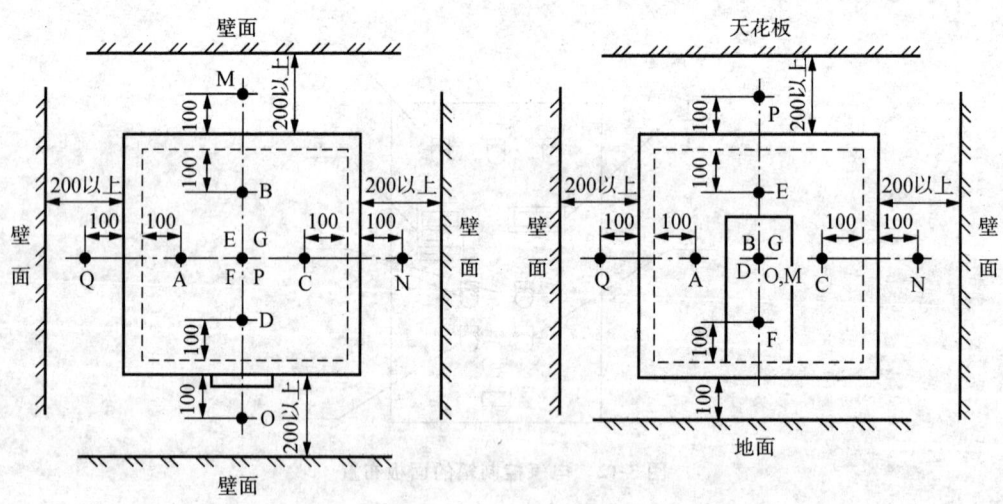

图 3-14 温度测点布置图

注：1. 符号"○"为库内测温点 A、B、C、D、E、F、G 7 点；
  2. 符号"○"为库外测温点 M、N、O、P、Q 5 点

（2）制冷设备的温度压力测点布置如图 3-15 所示。

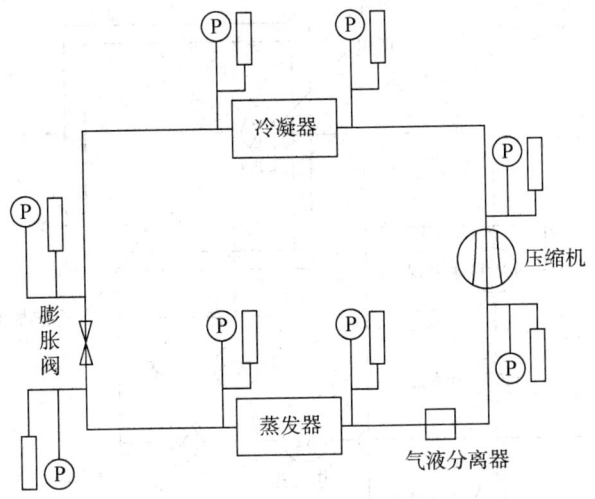

图 3-15　制冷设备的温度压力测点布置

3. 实验内容

实验一　小型冷库库体传热系数 K 值的测定

1) 实验方法

小型冷库库体传热系数 K 值的测定,采用库内装电加热器的内部加热法。内部加热法的原理如图 3-16 所示,采用库内电加热器来平衡通通隔板的传热,传热系数由下面 3 个公式求得:

$$K = \frac{Q}{F(t_1 - t_2)}$$

$$F = \sqrt{F_1 F_2}$$

$$Q = P_1 + P_2$$

式中,Q:通过隔热板的传热量,单位为 W;

　　F:隔热板传热面积,单位为 m^2;

　　F_1:冷库外表面积,单位为 m^2;

　　F_2:冷库内表面积,单位为 m^2;

　　t_1:库内温度平均值,单位为 ℃;

　　t_2:库外温度平均值,单位为 ℃;

　　P_1:电加热器实耗功率,单位为 W;

　　P_2:风机实耗功率,单位为 W。

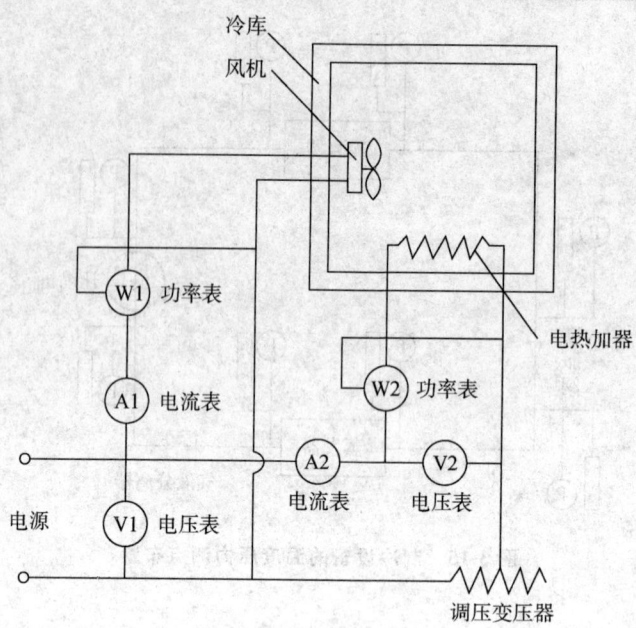

图 3-16 内部加热法原理

2）实验步骤

①关闭库门，测出环境温度 t_2。

②设定库内温度 t_1，t_1 应比环境温度 t_2 高 20℃。

③打开库内电加热器及风扇。

④调节电加热器的加热量，使库内温度达到设定值且保持不变。

⑤待库内温度稳定后，记录电加热器的加热功率 Q_1、电扇的功率 Q_2、库内温度 t_1 及库外温度 t_2。

⑥记录完成后，将库内温度 t_1 调节到比环境温度温度高 25℃，待库内温度稳定后，再次记录步骤⑤所述数据。

⑦记录完成后，再将库内温度 t_1 调节到比环境温度高 30℃，待库内温度稳定后，再次记录步骤⑤所述数据。

（注：本实验中温度均由测温铂电阻测得，功率均由电量传感器测得，通过数据采集系统传送到电脑屏幕上，可直接读取。）

表 3-15 数据记录表

序号	Q_1（W）	Q_2（W）	t_1（℃）	t_2（℃）	K（W/m²·K）	$F=\sqrt{F_1 F_2}$
1						
2						
3						

3）判定标准

表 3-16　冷库的传热系数规定

库温代号	G	Z	D	J
传热系数（冷冻、冷藏）W/（m²·K）	≤0.48	≤0.38	≤0.26	≤0.23

注：G：高温（-2℃~12℃），Z：中温（-10℃~2℃），D：低温（-20℃~-10℃），J：冻结（-30℃~-20℃）

实验二　空库降温试验及库内温度不均匀性试验

1）实验方法

本实验采用热流量补偿法。热流量补偿法就是在库内用电加热器预热，使库温达到预定温度并保持稳定（只限于环境温度低于32℃时），此时的电加热量就相当于库内负荷。

2）实验步骤

(1) 关闭库门，熄灭库内照明灯。

(2) 将温控器调整到设计温度。

(3) 启动制冷机组，对空库进行降温。

(4) 空库降温时，开始30min内每5min记录一次，以后每隔10min记录一次，直到库温降到设计温度。

(5) 根据所记录的数据（见表3-17），以同一时间库内各测点温度的平均值为纵坐标，时间为横坐标，绘制空库降温曲线（测温点位置如图3-17所示）。

(6) 空库降温试验结束后，制冷机组继续运行15min，检查库内各测温点温度差值。

表 3-17　空库降温试验数据记录表

时间	库内温度（℃）							平均温度（℃）
	t_1	t_2	t_3	t_4	t_5	t_6	t_7	

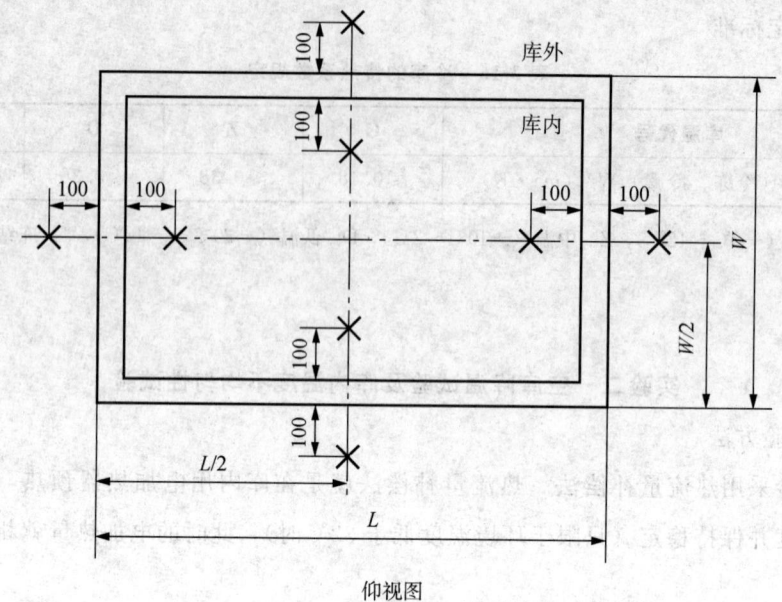

仰视图

图 3-17 测温点位置分布

3) 判定标准

冷库正常运行时,库内温度不均匀性见表 3-18。

表 3-18 库内温度不均匀性参考表

单间库容（m³）	≤500	>500
库内温度不均匀性（℃）	≤5.0	≤6.0

实验三 制冷设备工作时间系数试验

1) 实验方法

本试验在空库降温试验及库内温度不均匀性试验结束后进行。当库温达到设定温度时停机,库温回升 5℃ 时再开机。记录每次开机和停机时间,重复记录 5 次。

制冷设备工作时间系数按以下公式计算:

$$f = \frac{\sum \tau_K}{\sum \tau_K + \sum \tau_S}$$

式中:f:制冷设备工作时间系数;

$\sum \tau_K$:全部运转周期内开机时间总和;

$\sum \tau_S$:全部运转周期内停机时间总和。

2) 判定标准

在名义工况下,制冷设备工作时间系数应小于或等于 0.80。

实验四 凝露试验

1) 实验方法

关闭库门,熄灭库内照明灯,启动制冷机组,对空库进行降温,直到达到设定库温,并保持稳定,测定库外环境温度与冷库外表面平均温度之差。

2) 实验规定

试验应在无日光直射和各种热流影响的室内进行,环境温度为32℃±1℃,风速小于0.5m/s,相对湿度为80%±5%;

将空库温度降到设定温度,并保持稳定,连续运转6h后,每隔30min连续测定温度3次以上,取其平均值;

冷库保持正常工作状态,即门加热器、平衡窗加热器等都处于通电状态;

观察库外表面凝露情况。

3) 测点位置及计算方法

温度测点位置如图3-18所示,至少在冷库的某一隔热板的中心部位、板间拼缝部位、拼缝的交叉部位及库门的中心部位四处进行测定。

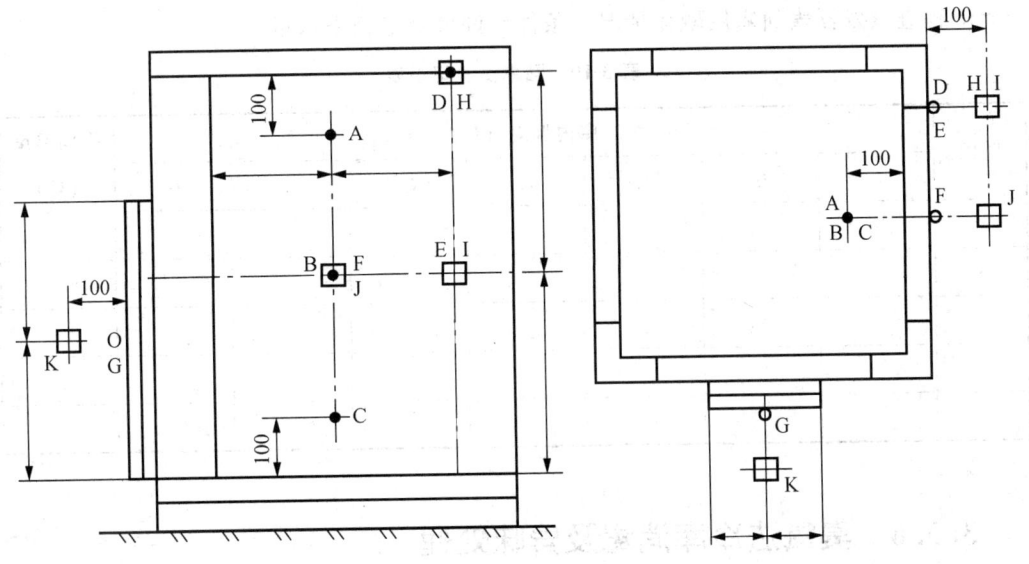

图3-18 温度测点位置

注:1. 符号"·"为库内测温点A、B、C3点;
  2. 符号"○"为库外表面测温点D、E、F、G4点;
  3. 符号"□"为库外测温点H、I、J、K4点;
  4. 门的位置及测定平面供参考

计算方法按以下公式:

$$\Delta t = t_O - t_W$$

式中，Δt：温差，单位为℃；

t_O：库外温度，单位为℃；

t_W：库外表面温度，单位为℃。

观察库外表面凝露情况。

实验五　融霜试验

1）试验方法

融霜试验采用库内加湿法（如用电加热加热水产生蒸汽法）进行。

2）试验步骤

开动加湿装置，当库内有足够蒸气后开动制冷机组，并使库内温度控制在设计温度±1℃范围内运行；

待蒸发器表面结满霜层后（入库观察）停止加湿，并使库内温度控制在设计温度±1℃情况下继续运行 1h；

用手动或自动控制进行融霜，并按表 3-19 记录融霜开始时间和结束时间，每 10min 检查蒸发器表面霜层融化情况，条件允许可测定融霜水量。

表 3-19　融霜试验记录表

时间	库内温度（℃）							平均温度（℃）
	t_1	t_2	t_3	t_4	t_5	t_6	t_7	

3.3.6　臭氧法冷库消毒及异味处理

1. 实验原理

臭氧在果蔬保鲜中的应用主要基于以下三个方面：

（1）杀灭微生物——杀菌消毒。

（2）使各种有臭味的无机或有机物氧化分解——除臭。

（3）使新陈代谢产物分解氧化，从而抑制新陈代谢过程——保鲜。

2. 实验材料

移动式臭氧消毒机；消毒剂及消毒器材：过氧乙酸、30W 石英紫外线灯。

3. 实验方法

选择不同冷库房间作为观察对象，房间内部结构、设施等一般情况相似，具有可比性。随机抽取 4 个房间作为空白对照组，其余 24 个房间随机分为过氧乙酸实验组和紫外线实验组，每组 12 个房间。

试验时，对房间进行卫生清扫后，过氧乙酸试验组用气溶胶喷雾机对房间内行气溶胶喷雾（5mL/m³）消毒，消毒时间约 10min，紫外线实验组开紫外线灯照射 30min 消毒。空白对照组不作消毒处理。

4. 采样检测

消毒开始计时，于 0min（即消毒前）和 30min（即消毒后）分别用平板沉降法在各室内采样 10min（每房间内 1.5m 高处设 5 个采样点，每个采样点 2 个平板），采样后平板分别于 34℃ 和 32℃ 温箱培养 48h，计数细菌数和真菌数。

5. 结果

（1）对空气细菌的消毒效果，填写表 3-20。

表 3-20　两种消毒方法对空气细菌（CFU/m³）的杀灭率

时间（min）	对照组（%）		紫外线实验组（%）		过氧乙酸及臭氧组（%）	
	真菌数	自然衰亡率	真菌数	灭菌率	真菌数	灭菌率
0						
30						

（2）对空气真菌的消毒效果，填写表 3-21。

表 3-21　两种消毒方法对空气真菌（CFU/m³）的杀灭率

时间（min）	对照组（%）		紫外线实验组（%）		过氧乙酸及臭氧组（%）	
	真菌	自然衰亡率（%）	真菌数	灭菌率	真菌数	灭菌率
0						
30						

6. 臭氧在果蔬保鲜中的优势

杀菌消毒能力强，臭氧的最终分解物是氧气，因此无公害；食品上不会有残留物，对食品没有影响；成本低；用紫外线杀菌，其背阴部没有效果，而臭氧对整个房间都有杀菌效果。

7. 臭氧保鲜方案

1）原料选择

应选择无变质腐烂、无破损/刚采摘的新鲜果蔬产品。

2）初期处理

采摘后、储存前用臭氧水清洗水果蔬菜。

目的：去除果蔬表皮上的细菌及农药残留。

臭氧水浓度要求：3mg/L。

3）保鲜库

水果蔬菜洗净入库过程要尽量保证洁净，时间越短越好。入库后，尽量避免人员进入且保证库的密闭性，避免二次污染。

4）臭氧机选用

清洗过程选用的臭氧机，根据水的流量或是水槽的容积，进行选用。库内选用的臭氧机，根据库的体积，达到30万级标准。

8. 设备选择及一般计算

设已知冷库容积为 $V=500m^3$，为保证冷库的消毒杀菌，设需臭氧浓度为 5ppm。

所需臭氧的投加量为

$$W=5\times2.14\times500/[(1-0.5782)/1000]=12.68 (g/h)$$

所以可以选择产量为 13~15g/h 的臭氧发生器。

式中，常数 0.5782 为标准状态下，投入臭氧 1h 后的衰退率；

常数 2.14 为标准状态下，臭氧的浓度换算比例，即 $1ppm=2.14mg/m^3$。

9. 使用臭氧时应注意的几个问题

(1) 在冷库中应用臭氧，应与人员隔绝。要安排好臭氧发生器的开机时间与人员入库操作时间。不使人员在较高的浓度下，较长时间地接触臭氧。

(2) 臭氧的半衰期为 30min 左右，且最终的分解物是氧气，所以臭氧对食品不会有残留污染。另外，所使用的浓度很低，仅作用于食品表面，不足以影响食品的内在品质。我国食品营养分析部门，近年对经臭氧防霉贮藏的鸡蛋、苹果、柿子椒的营养成分进行分析，与对照组比较，没有明显差别。

(3) 臭氧不宜用于菠菜、芹菜等叶绿素多的蔬菜的长时间处理，因为臭氧会使叶绿素氧化，使蔬菜脱色。

(4) 臭氧杀灭微生物的效果，取决于臭氧的浓度，微生物的种类，处理时间，库房温湿度，墙、顶棚、地坪的材料，包装材料及方式，所贮货物的吸收性及所发生的氧化反应等。

（5）影响臭氧杀菌效果的环境因素，主要是温度和湿度。温度低、湿度大则杀灭效果好，尤其是湿度，如果相对湿度小于45%，臭氧对空气中悬浮微的生物就几乎没有杀灭作用。相对湿度超过60%，杀灭效果逐渐增强，在95%时达到最大值，这主要是由于相对湿度的增强，使细菌膨胀，更易受到臭氧的作用。多数冷库是低温、高湿的，这对应用臭氧杀菌很有利。

10. 臭氧发生器的选择和应用原则

利用臭氧对冷库进行消毒杀菌，应先把库内货物搬空、清扫干净，地面消毒处理，垫仓板冲洗晾后进行，一般在保鲜行业，消毒保鲜空间较大，应选择较大型的强制扩散型"开放式"臭氧发生器，安装在库房上方以便臭氧的扩散。仓储保鲜消毒浓度要求较高，臭氧消耗量大，可按 $10mg/m^3$ 来选型，即其浓度为 6～10ppm。达到这一浓度后停机封库 24～48h。利用臭氧对空冷库进行杀菌消毒，对细菌的杀灭率可达90%左右，对霉菌的杀灭率可达80%左右。

11. 具体应用

根据一些应用臭氧的资料，介绍几种可应用臭氧的食品贮藏的情况，供参考。

水果：香蕉、柑橘、浆果（草莓、木莓、葡萄）、苹果、梨

用臭氧处理蔬菜等，其效果与水果相似：

菜花、马铃薯、蒜薹、西红柿、柿子椒、鸡蛋、肉类、奶酪、鲜鱼。

香蕉： 在臭氧浓度高的情况下，香蕉新陈代谢强烈。然而在低浓度下，例如，1.55ppm 下可能产生生理损害。如果臭氧浓度在 25～30ppm，8天后香蕉表皮会产生黑斑。臭氧浓度在 30～90ppm 范围内呼吸过程加快，而成熟过程保持不变。使用臭氧贮藏香蕉的最佳条件是温度在2℃，浓度在 1.5～7ppm。香蕉成熟不很快，呼吸强度变化也不大。

柑橘： 柑橘对臭氧不敏感，在 40ppm 的浓度下，由于乙烯和其他的新陈代谢产物被臭氧氧化，柑橘的成熟度减慢。

浆果： 草莓、木莓、葡萄在贮藏期间内，霉菌菌落可能繁殖，可用 2～3ppm 的臭氧抑制霉菌的生长，对浆果的质量和香味没有影响，贮藏期可延长一倍，但在包装方式上不能避免臭氧与浆果接触。

梨： 对某些特殊品种的梨所做的研究表明，在臭氧浓度 3ppm、温度5℃的情况下贮藏 17d 没有变坏，呼吸强度也没有增加。

苹果： 在贮藏期内，视品种不同，臭氧浓度 2~11ppm 下，会出现生物损伤。美国所做的试验表明，在 2ppm 下冷藏 5 个月，大多数品种没有受到损害。在此期间，去除乙烯对延长贮藏期有促进作用，新陈代谢产物的钝化也可降低表皮褐变。据国内某单位的经验，用臭氧保鲜的冷藏苹果，出库后半个月仍保持新鲜作用。

马铃薯： 贮藏条件为温度 6℃~14℃，相对湿度 90% 以上。在臭氧浓度 15~18mg/m³ 下，对马铃薯处理 6~10h，可使马铃薯疫霉菌落停止生长，而马铃薯的颜色、味道、密度都没有变化。在臭氧作用下，马铃薯的淀粉和 V_C 含量增加，糖分下降。

蒜薹： 蒜薹的贮藏，除了温、湿度要求及气体成分控制以外，应用臭氧重点是在空库消毒、入库预冷杀菌和换气前后的杀菌。蒜薹入库预冷完成后，可用 2~4ppm 浓度的臭氧，杀死蒜薹表面部分的微生物。对大棚和气调库来说，日常防霉应与换气同时进行，并使臭氧均匀扩散，浓度应以有效去除蒜薹气体而没有明显的臭氧味为宜。对气调库来说，应把臭氧发生器放在库外。小袋包装的防霉，应在每次换气前后进行。换气前使用臭氧主要是减少换入气体中的微生物。换气后的氧化以乙烯去除气味为主，这一步骤中由于臭氧不直接接触蒜薹，浓度可适当高一些。臭氧发生器开、停的安排，应以开袋换气时嗅不到明显臭氧味为宜。实际应用表明，臭氧可强烈抑制腐烂区扩展，如有腐烂发生，可使之直接暴露于臭氧下，可得到良好效果。

西红柿： 用于贮藏的西红柿，要选用皮厚、坚实的晚熟品种，五六成熟。西红柿分层单摆平放，按所需的温、湿度或气调条件控制。进库前需对空库用臭氧进行消毒。在此条件下贮藏一个半月，好果率达到 80%~90%。

柿子椒： 采摘时应用剪刀剪断果柄，因为果蒂受损最易腐烂。柿子椒在帐内要分层散放，便于与臭氧接触，也有利于二氧化碳、乙烯、热量的扩散。一般的贮藏温度为 12℃~15℃，秋季采摘的为 8℃~10℃，二氧化碳小于 3%，O_2 为 10% 左右。臭氧的充入以第一个月每天 2~3 次、浓度为 5ppm 左右，以后可每天 1~2 次。贮藏 70d 后的柿子椒商品率达 80% 以上。

鸡蛋： 美国自 1930 年就开始使用臭氧技术来贮藏鸡蛋，当时就约有 80% 的冷库装有臭氧发生器，取得了很好的效果。目前，美国在贮藏鸡蛋的冷库中利用臭氧主要有两种方式：连续应用和间断应用。连续应用的臭氧浓度为 0.6ppm，湿度为 90%，贮藏 8 个月，质量很好。我国目前的冷库，大多数还需人员入库测温、湿度，所以我国大部分仍采用间断供臭氧方式。其做法是每天开臭氧发生器 1~2 次，浓度为 1.5~2.5ppm，开机时间要与查库时间错开，以便人员进入，每次臭氧杀菌后，空气中细菌数下降 70% 左右，霉菌下降 60% 左右，鸡蛋壳上细菌、霉菌数下降 50% 左右。目前，我国已有 30 多家蛋品冷库应用了臭氧，杀菌都获得了好的效果，减少了损失，经济效益明显。

肉类：臭氧主要用于肉类屠宰后的成熟、嫩化过程的杀菌保鲜，其做法是每天用臭氧处理 1~2 次，每次持续 2h，臭氧的浓度是 6mg/m³（空气），温度 20℃，相对湿度 85%，在密闭的房间里可保持 42~44h。若是把温度降低至 6℃则可保持 20 天。牛肉在臭氧浓度 10~20mg/m³（空气）的情况下，与单用冷却相比，其贮藏期可提高 30%~40%。牛肉表面微生物不超过 $10^3/cm^3$。在对牛肉、小牛肉、羊肉、猪肉，鸡和兔肉应用臭氧的贮藏期进行详细的研究后发现，在通常情况下，各种肉类贮藏 7d 后，发现肉明显受到微生物的污染。而在相同情况下，应用臭氧处理 14d 以后才出现微生物污染。在冷却情况下，使用臭氧与不使用臭氧相比，表面微生物菌丛（假单胞菌属、沙门氏菌、葡萄球菌）下降。如果污染程度早已很大，臭氧对表面微生物菌丛就没有效果，但仍能使冷库中的空气保持新鲜。

奶酪：在熟化和贮藏过程中，应用臭氧的经验很成功。温度 15℃，相对湿度 80%~85%，臭氧浓度 0.02ppm 条件下使其表面生长孢子在熟化期被杀灭，贮藏期增长到 11 周。并且，在贮藏室中存在的异味也由于臭氧的氧化作用而消除。

鲜鱼：国外用含有臭氧的水制成冰块来保藏鲜鱼，使保鲜时间延长 50%。一般认为臭氧在 0℃时相当稳定，不易自然分解，含有臭氧的冰在融化时，其冰水混合物中会有臭氧存在，对微生物的生长有抑制作用，从而延长了鲜鱼保鲜期。

3.3.7 冷库的除霉杀菌

冷库除霉方法有三种：机械除霉、物理除霉和化学除霉。

冷库除霉之机械除霉法：就是进行打扫和铲除生霉的部分，它也是和其他除霉法结合进行的。在机械除霉法中有一种空气洗涤法，就是在进风口处装一喷水器，空气在循环时通过水帘而将霉菌的孢子洗去，这种方法就像现在的湿式冷风机一样，可以起到减少霉菌的效果。

冷库除霉之物理除霉法：是利用温度、湿度、紫外光、高频电和铜丝网滤器来除霉。霉菌生长的温度一般为 -6℃~40℃，因此在低温库中很少看到霉菌生长，而利用热碱水也可以在工具设备上杀灭霉菌。霉菌的生长和温度有很大关系，所以在温度方面的控制只能适当使用。用紫外光除霉是一种较好的方法，它既能杀菌，又能除霉，也有一些除臭的作用。但是这只能是对直接照射的部分起作用，一般每立方米用 0.33~3W 的紫外光辐射，在距离 2m 的面积上照射 6h 可以起到杀灭微生物的作用。但是紫外光的作用受温度和湿度的影响，愈接近微生物生长正常温度，湿度愈高，杀菌除霉的能力愈强。紫外光能促进脂肪的氧化发酵，所以在使用时要注意。铜丝网滤器是在逆风口装上一个铜丝做的网子，这样可以杀灭一部分霉菌。

冷库除霉之化学除霉法：此方法很多，用得较多的有乳酸、二氧化碳、臭氧、甲醛、漂白粉、氟化钠、羟基联苯酚钠等。

先选取紫外线杀菌法为例，臭氧杀菌法请参照臭氧异味处理实训项目。

实验一　紫外杀菌效果的检测

1. 实验原理

紫外线主要是通过对微生物（细菌、病毒、芽孢等病原体）的辐射损伤和破坏核酸的功能使微生物致死，从而达到消毒的目的。紫外线对核酸的作用可导致键和链的断裂、股间交联和形成光化产物等，从而改变了 DNA 的生物活性，使微生物自身不能复制，这种紫外线损伤也是致死性损伤。真空紫外光穿透能力极弱，灯管和套管需要采用极高透光率的石英。

不同种类的微生物对紫外线的敏感性不同，消毒时必须使用能杀灭目标微生物所需的照射剂量，其抵抗力由大到小排列次序为真菌孢子＞细菌芽孢＞细菌繁殖体。杀灭细菌繁殖体时照射剂量应达到 $10000\mu W \cdot s/cm^2$；杀灭细菌芽孢时应达到 $100000\mu W \cdot s/cm^2$。病毒对紫外线的抵抗力介于细菌繁殖体和芽孢之间，真菌孢子的抵抗力比细菌芽孢更强，有时需照射剂量达到 $600000\mu W \cdot s/cm^2$。在消毒目标微生物不详时，照射剂量不应低于 $100000\mu W \cdot s/cm^2$。紫外线灯的辐射强度随距灯管距离的增加而降低。

紫外线杀菌效率还受到温度和湿度的影响，作用各有不同，有待进一步的探讨研究。

2. 主要仪器设备

高压蒸汽灭菌锅、恒温培养箱、电热干燥箱、振荡培养箱、试管、三角瓶、烧杯、量筒、玻璃棒、天平、药匙、pH 试纸（pH1～14）、橡胶塞、棉塞、记号笔、皮筋、报纸、培养皿（中）、移液管（1mL）、玻璃珠、吸水纸、电炉、接种环、镊子、搪瓷杯、酒精灯、菌落计数器、放大镜、一些遮阳伞的布料。

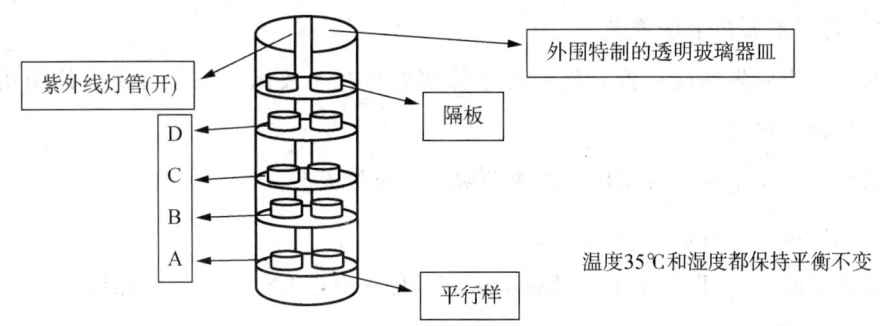

图 3-19 （菌种和杀菌时间、温度、紫外线杀菌效率不同）实验装置

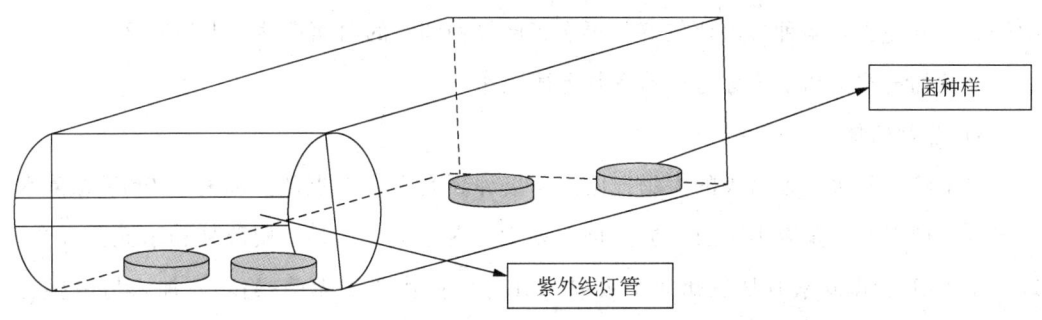

图 3-20 （距离、紫外线杀菌效率不同）实验装置

3. 药品及试剂

营养琼脂（或牛肉膏、蛋白胨、氯化钠、琼脂粉、10％氢氧化钠溶液，10％盐酸溶液）；

大肠杆菌（革兰阴性菌，44103）、枯草芽孢杆菌（芽孢杆菌，11060）、金黄色葡萄球菌（革兰阳性菌，slv－350）；

新的紫外灯。

4. 实验路线方法

1）实验前的准备

（1）玻璃器皿的准备：

玻璃器皿在实验前必须洗涤干净，根据实验要求准备相应数量，移液管、培养皿等包装好后灭菌。可采用干热灭菌法处理。

（2）培养基的准备：

称量：直接称量一定量的营养琼脂。

熔化：在沸水浴锅中加热熔化。

调节 pH：10％氢氧化钠溶液，10％盐酸溶液调节 pH 至 7.4～7.6。

分装：将溶化的固体培养基趁热加至漏斗上，装试管时，装量不超过试管容积的

1/4，注意管口不要沾上培养基。

加塞：试管应先捆成一捆，然后再于棉塞外包扎牛皮纸，贴上标签，注明培养基的名称、日期、组别。

将培养基、无菌水放入高压蒸汽灭菌锅内，湿热灭菌。

（3）无菌水的制备：

用量筒量取150mL自来水于带玻璃珠的三角瓶中，塞上棉塞，包扎报纸（4层）。

2）菌种的活化

从大肠杆菌的样菌中用接种环在无菌操作下接种到斜面培养基上放入恒温培养箱中培养24h左右，菌种长得比较好。再次将菌接种到新的斜面培养基上培养24h。

金黄葡萄球菌和枯草芽孢杆菌重复上述操作。

3）菌种稀释

取出经过两次接种培养的大肠杆菌，用接种环刮下一点点放入盛有100mL无菌水的带有玻璃珠的三角瓶中，放入振荡培养箱中振荡摇匀20min，使菌种和水充分混合，取1支1mL无菌移液管从三角瓶中吸取1mL（此操作要求无菌操作），加入另一盛有9mL无菌水的试管中，混合均匀，以此类推分别制成0.1、0.01、0.001、0.0001等不同稀释度的土壤溶液。

将不同稀释倍数的菌液进行稀释平板法后培养一段时间，将菌液CPU计数，找到数量在30~300数目间的稀释倍数的菌液。

4）做样板

将数量在适宜范围内的稀释后的菌液，用0.5mL的无菌移液管在无菌操作和环境下将菌液移到无菌培养皿里，再将融化的培养基冷却到室温后在无菌操作下倒入培养皿中，然后放在平稳的桌面上进行缓慢的顺时针的旋转，直至培养基凝固。按上述方法做32个样板。

金黄葡萄球菌和枯草芽孢杆菌重复上述操作，但都只做10个样板。

实验二

（1）实验前，将图3-19装置的紫外灯打开一段时间进行装置内的消毒。

（2）将大肠杆菌平板分成五组，放在不同层，其中一组带着皿盖还包着一层遮阳伞的布料放入其中，其他四组A、B、C、D分别打开皿盖放入装置内，待1min后将A组盖上皿盖和布料，2min后B组，7min后C组，20min后关掉紫外灯。

（3）将枯草芽孢杆菌和金黄葡萄球菌依次重复操作（2），得到平板。

（4）将装置的温度由35℃改成5℃，取10个大肠杆菌的平板，重复操作（2），得到平板。

(5) 将平板取出做上相应的标记后,放入35℃的恒温培养箱中培养24h后,进行菌落数的计数。

实验三

(1) 实验前,将图3-20装置的紫外灯打开较长的一段时间。

(2) 在装置里紫外灯中心距其0m、0.4m、0.8m、1.6m、3.2m的地方上打开皿盖放置平行样板,再在其中心线上距其任一位置上放置一组带有皿盖并包裹了遮阳伞材料的平行样,要求其温度恒温在35℃,让紫外线照射10min.

(3) 取出平板放入恒温培养箱中进行培养24h,进行菌落数的计算,并计算出灭菌率。

5. 试验台清理

将所有废弃的培养基都放到指定的地方,清理好仪器并摆放整齐。实验结果(表格3-22、表3-23、表3-24),按以下公式计算杀菌率:

$$杀灭率 = 100\% \times \frac{未经照射的菌落数/皿 - 照射后菌落数/皿}{未经照射的菌落数/皿}$$

实验a:

温度为25℃,湿度30%(见表3-22)。

表3-22 温度为25℃,湿度30%的杀灭率

菌种	菌落数及灭菌率	未照射	照时1min	照时3min	照时10min	照时30min
大肠杆菌	菌落数					
	灭菌率	/				
金黄葡萄球菌	菌落数					
	灭菌率	/				
枯草芽孢杆菌	菌落数					
	灭菌率	/				

表3-23 温度5℃,湿度30%的杀灭率

菌种	菌落数及灭菌率	未照射	照时1min	照时3min	照时10min	照时30min
大肠杆菌	菌落数					
	灭菌率	/				

实验 b：

表 3-24　温度 35℃，湿度 30% 的杀灭率

菌种	菌落数及灭菌率	灯距 0m	灯距 0.4m	灯距 0.8m	灯距 1.6m	灯距 3.2m	未照射
大肠杆菌	菌落数						
	灭菌率						

6. 结果讨论

不同的菌，紫外线的杀菌时间不同，对于一般的细菌只要很短的时间，对于有芽孢的菌，它本身抗逆性非常强，因此杀灭的时间会相对更长一些。对于水处理中，这个时间会很重要，它意味着菌是否杀灭干净了。

不同温度对于紫外线杀菌效果是否相同，这也有必要验证。资料显示在温度低于 10℃ 时，紫外灯的灭菌率会明显变化。如果实验结果是这样，那么在一些特殊的环境，紫外灯灭菌就不适用了。

我们都知道距阳光越远我们所感受到的热量就越低，这说明距离对于紫外线杀菌也会有一定的影响，这就会有一个灭菌率高的距离。对于一些想要用紫外灯来灭菌的处理厂而言，就显得非常重要了，了解了这个距离他们就可以在设计污水处理中限定池子所应设计的最大直径。

实训　冷库紫外杀菌操作

1. 实训原理

通过紫外线对细菌、病毒等微生物的照射，以破坏其生命中枢 DNA 的结构，使构成该微生物的蛋白质无法形成，从而使其立即死亡或丧失繁殖能力。

2. 实训设备

ZXC－Ⅱ型紫外线杀菌车。

3. 操作

1）开关机程序

打开保护门；

用手托住灯臂向上抬至需要位置，拨起定位按钮固定灯臂；

插上电源，打开带灯开关，根据需要设定时间；

关闭实验室的门窗，工作人员勿进清毒区域；

使用完毕将按钮按到底，同时另一只手托住灯臂慢慢将灯管放进灯箱内，关上保护门。

2) 使用程序

将可移动紫外消毒车移近待消毒的物品；

打开紫外灯保护门；

检查电源电压是否匹配，接通电源；

调整紫外灯管和台面的垂直角度（60~90cm），波长为254nm，顺时针旋转定时旋钮，并开始消毒，一般要求临床基因扩增检验实验室物品紫外线照射消毒时间不少于30min；

消毒完毕后，拔下电源插头，关好紫外灯保护门；

保持可移动消毒车干燥、清洁，必要时用酒精棉进行消毒、灭菌，特别是电源开关等触摸部位，以防交叉传染，并做好使用情况登记；

对紫外线灯管定期检测强度，保证消毒的效果；

每次记录使用时间，累计时间达到1000h更换新灯管。

3.3.8 冷库的温度控制

冷库温度控制设备生产企业较多，设备型号功能及操作也千差万别，现以冰山嘉德公司生产的全自动冷库控制器为例进行说明。

1. 工作模式

1) 停机模式

当旋钮 SA1 打到停止挡时，控制所有输出关闭。

2) 手动模式

当旋钮 SA1 打到手动时，手动输入点闭合，控制器进入手动控制模式，开启供液电磁阀，按所设定的时间延时开启风机，当旋钮 SA1 打到停止时，关闭供液电磁阀，同时关风机。

3) 自动模式

当旋钮 SA1 打到自动时，自动输入点闭合，控制器进入自动控制模式，根据所设定的温度值自动控制库房的制冷及按所设定的除霜周期自动除霜。当旋钮 SA1 打到停止时，如正处于制冷状态时，则关闭供液电磁阀，同时关风机；如正处于冲霜状态时，立即停止冲霜，所有阀处于停止状态。

4) 除霜模式

当旋钮 SA1 打到非停止档时，按一下除霜按钮 SA2，则进行一次除霜。

5) 故障模式

当发生须手动复位的故障后，将自动转入故障模式，在此种模式下，只有在排除故障后，按 ENT 键复位，方可进入正常工作状态。

2. 按键说明

CAM1－LCS 操作显示单元共有 4 个按键 ↑、↓、ENT 和 SET。

↑ 键和 ↓ 键用于设置参数时用于修改参数值。每按一次变化 1，按住则连续变化，在设定模式下，还用于上下翻页，切换到所设定的画面。另外，↑ 键在主显示窗口状态下，按住它不放，可以轮流以大字体显示湿度、风机电流等。

↓ 键在主显示窗口状态下，按此键可以切换到设备运行状态窗口，此时可按 ENT 键返回。

ENT 键为确认键。在设定模式下，按该键，则保存所设定的参数并退出设定模式，当产生故障停机时，故障排除后，按该键复位，进入正常工作状态。

SET 键为设置键。按此键弹出密码对话框，输入密码，再按该键，进入设定界面，当翻到所设定的参数，按该键，则数值闪烁，用 ↑ 和 ↓ 键来修改到所设定的数值，数值停止闪烁。

3. 运行状态显示窗口说明

1) 主显示窗口

控制器上电进入工作状态后，自动进入主显示窗口。主显示画面窗口显示当前工作状态，包括回风温度、出风温度、湿度或压力、风机电流、设备加载状态、运行模式等。详情见图 3-21。

正常情况下，没有报警信息，将以最大字体显示回风（TT1 温度传感器）温度。当有故障产生报警时，在报警信息位置显示报警信息，在报警标志位置显示闪烁报警标志，同时回风温度显示字体自动缩小，以 2 号字体显示。

项目 3 冷链物流设备

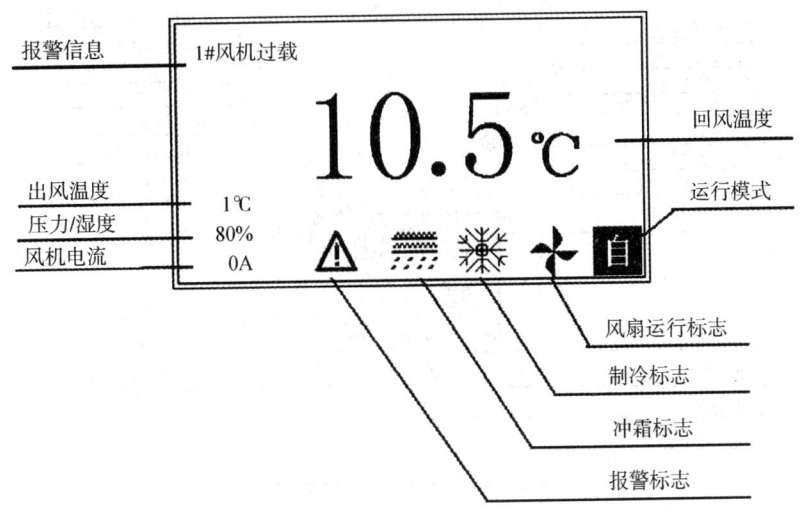

图 3-21 温控系统给的主显示窗口

在此窗口，缺省状态下以大字体显示回风温度，以小体字显示 TT2 温度传感器温度、压力/湿度、风机电流等。如果按住 ⬆ 键不放，将轮流以大体字显示出风温度、压力/湿度、风机电流等，松手后延时显示 10s，自动返回缺省显示状态。

在此窗口，如想进一步查看其他运行状态，按住 ⬇ 键不放，2s 后进入设备运行状态窗口，可以进一步查看更详细的运行状态。

如想设置运行参数，按 SET 键，则可进入密码校验窗口，当密码校验通过后，再按 SET 键，即可进入参数设置窗口。

2）设备运行状态窗口

如果想查看冷库控制器设备运行状态和开关量输入状态可以从主显示窗口切换到设备运行状态窗口。从主显示窗口进入设备运行状态窗口的方法是：按住 ⬇ 键不放，2s 后进入设备运行状态窗口。

在设备运行状态窗口可以很直观地看到设备的运行状态、开关量输入状态。设备运行时均以动画显示。

详情见图 3-22。

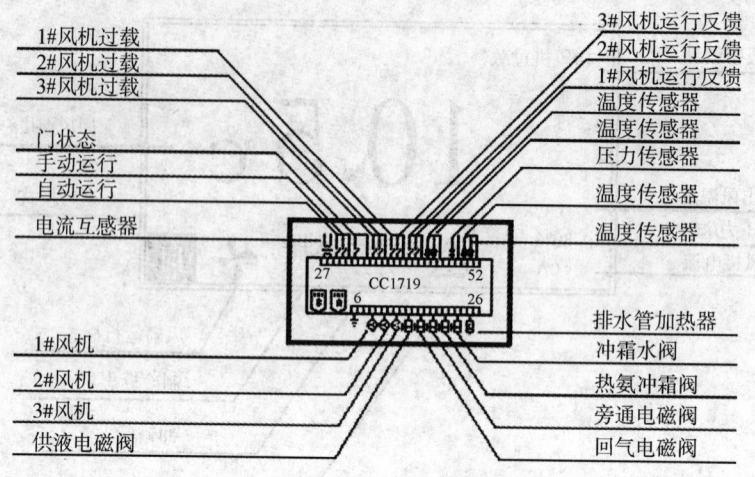

图 3-22 设备运行状态窗口

4. 操作控制

要设置运行参数或控制设备运行，必须经过操作权限认证。在主显示窗口按 SET 键，则可进入密码校验窗口，当密码校验通过，确认操作权限后，即可进入"参数设置"窗口，对设备控制参数进行设置。

1）密码校验

密码校验是操作管理设备运行的必经之路。密码和权限为两种，即操作员权限和管理员权限。操作员只能设置运行模式、开启和关闭设备以及设置少量的运行参数。管理员除拥有操作员的所有权限外，还拥有设备配置等其他权限。

密码范围为 0~254，操作员初始密码为 0，管理员初始密码为 10。

进入密码校验窗口后可以按 ↑ 键和 ↓ 键输入密码，确认无误后，按 SET 键。如果密码校验通过，则进入操作菜单窗口，否则，返回主显示窗口。

2）参数设定

进入参数设定状态后，会显示参数设定项窗口。可以用 ↑ 键和 ↓ 键选择要设定的参数项。当选择好要设定的参数项后，按 SET 键进入参数编辑状态，所选参数开始闪动，此时按 ↑ 键和 ↓ 键即可修改参数值。确定参数修改无误后按 SET 键，则新修改的参数被保存。如需继续设置或修改其他参数项，可依此办理。

每一个参数均有上下限，当到达上限时再按 ↑ 键，参数值将不再增加，同理，当到达下限时再按 ↓ 键，参数值将不再减少。

参数设定完毕，按 SET 键，则退出"参数设置"窗口。

在参数设定状态下,如果 15s 不进行任何操作,则自动返回主控制窗口,最后修改的参数将不会被保存。

3)故障复位

当产生故障后,控制器进入故障状态。故障排除后,需要进行故障复位才能进入正常工作状态。具体方法是:在主显示窗口,按 ENT 键。

3.3.9 典型果蔬贮藏质量检验

1. 实训目标

了解典型果蔬贮藏的种类,明确贮藏的关键技术,学会典型果蔬贮藏过程中的检查时期、方法和技术要点。

2. 实训用具

台秤、硬度计、折光仪、滴定用具、笔记本、笔、温湿度计等。

3. 实验流程

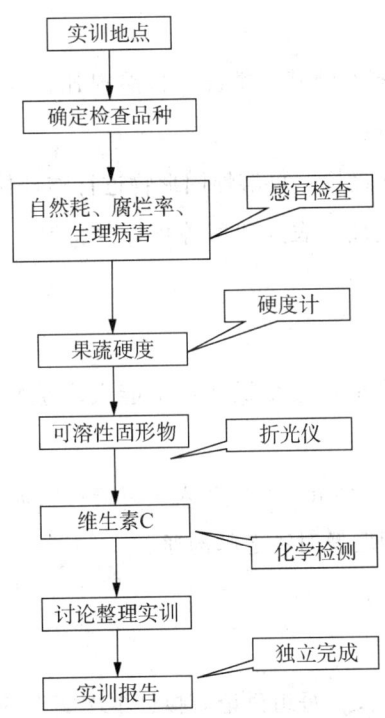

图 3-23 果蔬贮藏质量检验实验流程

4. 实训地点

冷库操作间、实验室等。

5. 贮藏种类

果品：苹果、梨、桃、板栗、香蕉、柑橘、菠萝、芒果等；
蔬菜：番茄、黄瓜、甜椒、芹菜、白菜、马铃薯等；
花卉：菊花、百合、玫瑰、水仙、帝王鸟等。

6. 检查项目

（1）自然耗：入库时每件重量，检查时重量，计算百分比。

（2）腐烂率：调查好果数、烂果数，计算烂果率。

（3）生理病害：观察分析病害的种类，并做记录，调查发病率。

（4）果实硬度：用硬度计测定果实的硬度，取5～10个果，在果实胴部对应打四个洞测定。

（5）可溶性固形物：用折光仪测定，取5～10个果，结合硬度测定，每个果测2～4次，最后计算平均值。

（6）记录贮藏场所的基本情况：贮藏方式、地点、容量、温度、湿度、贮藏品种等。

（7）其他：根据产品本身的特性，确定检测项目，在教师的指导下进行。

7. 检查方法

（1）感官检查：对贮藏库的基本情况、自然损耗、腐烂率、生理病害等进行感官检查和记录，并动脑进行分析。

（2）理化检测：对果实硬度、可溶性固形物进行物理检测；对维生素C、有机酸以及产品特性所决定的有害金属、农药残留等指标的检测，需要使用仪器设备或化学试剂进行检测。

8. 实训要求

（1）遵守实训场所的要求，安全操作，不能大声喧哗，在不影响别人的情况下，低声研讨操作方案。

（2）建议4～6人一组，有条件的可2人一组进行实训。

（3）实训过程中如有问题及时和老师沟通。

（4）独立完成实训报告。

9. 学生训练

拟订方案。根据老师讲授，每组讨论后拟订本次实训的方案。
进入实训流程。

10. 师生互动

（1）学生请老师修改果蔬品质检查方案。

(2) 学生在实训过程中遇到难以解决的问题请老师解答。

(3) 根据学生在实训过程中出现的问题，提示学生抓住关键技术环节。

(4) 老师对学生在实训过程中的表现和实训报告质量进行小结，表扬表现好的学生。

(5) 安排1~2h的果蔬品质检查的实训交流活动，师生共同总结实训的收获体会。

3.3.10 食品冷藏

1. 实验目的

了解食品在不同低温处理条件下的保存期，验证低温保藏效果；

熟悉常规低温保存操作；

掌握常规低温保存条件；

理论与实践相结合，提高学生的动手能力。

2. 实验原理

通过低温处理食品，抑制微生物和酶的活性，从而延长食品的保存期。

3. 仪器、设备和材料

仪器、设备：低温冰箱、不锈钢盆、切肉刀、切肉板；

材料：梨、香蕉或猪肉等。

4. 实验内容

1）实验操作

鲜梨→洗净→用聚乙烯塑料袋包裹好（塑料袋内放标签：标明实验班组、实验条件、时间等）→放入冷藏室冷藏（先调节好设置温度）（5个）；

鲜梨→洗净→用聚乙烯塑料袋包裹好（塑料袋内放标签：标明实验班组、实验条件、时间等）→放在室温下保藏（作为对照）（2个）。

2）实验观察

每隔1d观察一次，观察不同条件下低温保藏梨的变化。

5. 小结

要求：通过实验比较不同条件下梨的保存期以及梨的色泽、质地的变化，比较不同低温保藏条件的优劣。

3.3.11 黄瓜冷害症状及冷害指数计算

1. 实验目的

观察黄瓜的冷害症状，掌握冷害指数的计算方法。

2. 实验原理

黄瓜对冷害比较敏感，黄瓜采摘后在10℃以下低温就可发生冷害。黄瓜冷害症状表现为表皮凹陷、水浸斑并逐渐腐烂。我们用冷害指数来衡量黄瓜的冷害程度。统计冷害指数时，我们依据表皮冷害面积将黄瓜分为五个等级：0（无冷害症状）、1（<25%）、2（25%~50%）、3（51%~75%）、4（>75%）。

3. 简明操作步骤

1) 样品处理

黄瓜新鲜样品检测及热水处理。

操作测定：每组轮流学习各项指标测定方法，并检测新鲜黄瓜的各项指标。

热水处理：黄瓜在40℃水中浸泡30min，沥水、表面干燥以后，贮藏于0℃冰箱中。不经过热水处理的黄瓜作为对照。

2) 冷藏10d

黄瓜从冷库取出后，在室温下放置2h左右，使其温度与室温一致。

一组材料为经过热水处理的黄瓜（热处理），检测所有指标。

二组材料为没有经过热水处理的黄瓜（对照），检测所有指标。

3) 20℃贮藏2d

黄瓜从培养箱取出后，在室温下放置2h左右，使其温度与室温一致。

一组材料为经过热水处理的黄瓜（热处理），检测所有指标。

二组材料为没有经过热水处理的黄瓜（对照），检测所有指标。

4) 测量操作

随机抽取一定数量经过冷处理并经常温恢复的黄瓜（至少20个），依据冷害面积将黄瓜分级，并记录其总数和各级果数。

4. 数据记录

表3-25 冷害指数记录表

姓名_____ 学号_____ 组别_____ 处理方法_____

处理	各冷害级别果数（N）					总果数	冷害指数
	0	1	2	3	4		
热处理							
未处理							

5. 结果处理

依据以下公式计算冷害指数：

$$冷害指数 = \sum [等级 \times N / 总果数]$$

式中，N：相关等级果数。

6. 注意事项

统计果数至少 20 个，果数越多越能代表整体。

果实分级统计主观性较强，所以要每组中一人分级，其他人协助，以减小误差。

思考题

1. 果蔬采后冷害的主要症状是什么？
2. 为什么果蔬冷害一般是在冷藏以后的货架期间开始显现？

3.3.12 冷藏库操作规程及日常维护

1. 目的

为了规范冷库的管理，保障冷藏品的卫生质量。

2. 适用范围

适用于本公司冷藏库的日常管理。

3. 职责

设备动力组负责冷藏库制冷设备的运行操作和维护管理，保证冷库系统正常运转，保持温度在规定范围内。

市场部仓库负责冷藏库存贮产品的出入库、清洁卫生、账目管理，并监控冷库温度。

4. 设备一览

表 3-26 冷藏库操作设备

序号	名称	规格型号	数量	材质
1	控制箱		1	组合
2-1	冷凝机组	泰康机组	2	组合
2-2	氟利昂罐		2	组合
2-3	液压显示表		1	组合
2-4	冷风机		1	组合

5. 控制指标

室内存藏温度 10℃～15℃。

6. 操作程序

打开电源控制箱，推上风组 1 和风组 2 的电源供电开关，推上控制电源开关；

控制箱旁开关说明：左边是室内灯开关，右边是内外室温度隔离开关（夏天使用）；

等待风机机组延时保护，LED 指示灯闪烁时间为 3～9min；

开启风机组 1 启动开关，检查内外风机是否正常；

延时 30s 保护时间，再开启风机组 2，检查内外风机是否正常；

低于温度下限时，风机组 1 自动停止工作，延时 30s 风机组 2 自动停止工作；

达到温度上限时，风机组 1 自动开始工作，延时 30s 风机组 2 自动开始工作。

7. 操作流程图

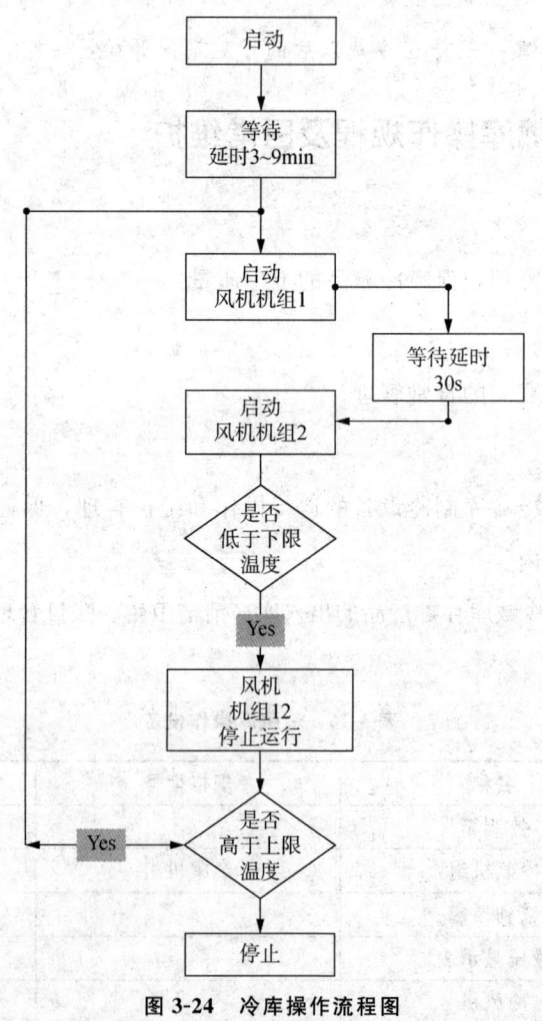

图 3-24　冷库操作流程图

8. 日常维护

定期擦拭风机，用（软毛刷，无尘布）清除制冷机组散热器尘埃，保证散热效果。

定期和不定期检查控制箱数显温度与冷库室内温度表温度是否相同。

减少冷库开门次数，检查门是否关严密。

出现问题，操作人尽快联系设备技术人员。

9. 原始记录

10. 管理制度

冷库设计要达到工艺要求，并配备自动温度记录仪和温度计。

只有经验收合格的原料或成品才能入库存放。

物料按先进先出的原则入库储存和出货，避免长时间积压，影响品质。

原料与成品分库存放，相互串味的产品、原料与成品不能储存于同一个冷库内。

成品库、冷藏库、包装间的温度符合工艺要求，成品冷藏库温度在－18℃以下，速冻库温度在10℃～15℃，冷藏库温度由仓库管理员进行监控，每2h记录一次，记录于《冷藏库温度监控记录》上。

库内产品需有完整的包装，禁止裸露堆放；堆放整齐、批次清楚，不同品种产品分垛存放，每批、每垛产品设有标识。

库内物品与墙壁之间距离不少于30cm，距地面不少于10cm，与天花板保持一定的距离并分垛存放，库内清洁、无霉、无鼠、无虫害；中间留通风道，风机底下不可堆放货物。

冷藏库、成品库定期清理消毒，每七天扫霜一次；每年至少对冷库进行一次清洁消毒。

冷库的卫生由冷库的主管人员负责每天检查，并将检查结果记录在《冷库卫生质量检查记录》中，并由包装品管负责督导。

当天进出冷库的物品当天入账，所有进出库产品，账面要有正确反映。

每天进行盘点，确保账目准确，随时能提供准确数据；月底配合财务部盘点核查并提供月报表。

禁止一个人进库作业，班后或无进出库作业时必须关灯关门，确认冷库内无人才锁门。

表3-26 值班时间表

值班情况												
值班管理人:												
值班员	值班时段	数显温度	室内温度	运行情况	相关设备名称					运行状态	故障原因	处理方法
					内风机	外风机	温感器	照明	风幕	隔离门			

3.3.13 冷库日常维护保养操作手册

表3-27 冷库日常维护保养操作手册（一）

序号	项目	内容	维护频次	标准动作
1	初次使用	冷库初次使用或长时间停机再用时，库房内严禁堆放货物，须将库房缓慢降至所需温度，对于低温库需在24h内分阶段降温，避免库内外温差骤然变化，造成库体破坏		显示空库房
2	货物堆放	1. 货物堆放要安全牢固，便于盘点、检查，进出库方便 2. 适当扩大货堆容量，减少零星货堆，冻品要求堆垛紧密，当商品不多时，可将同类商品或可以混藏的商品放在一起，以提高库房有效容积利用率 3. 堆放的货物严禁堵住风机的进出口 4. 库内货位堆垛要求：距冷库顶部0.3m，距墙0.2m，距冷风机周围1.5m	一次/批	指示风机进出口

续表

序号	项目	内容	维护频次	标准动作
3	货物储存	1. 要按品种、等级、用途等情况，分批分垛位储藏，并编号，填制卡片挂于明显的地方；正确记载货物的进、出、存的动态变化，掌握储存安全期限，执行先进先出制度；定期或不定期检查质量，发现有霉烂、变质等现象时，应立即处理	一次/批	指示库门、风幕机、门帘、灯开关 指示门报警
		2. 没有经过冻结的货物，不准直接进入冷库，以保证商品质量，防止损坏冷库		
		3. 冷库内严禁多水性作业		
		4. 库内温度和湿度保持均匀，不能有较大波动，食品入库时尽量做到一次进完		
		5. 库内不能有大量人员挑选商品，及时关严库门，库门开时注意风幕机是否开启或门帘是否放好，出库房要随手关灯		
		6. 库门装有报警装置，开启时间超过1min，通过光电报警提醒及时关闭库门，严禁人为干扰报警装置正常工作		
		7. 对于家禽、鱼类等在冷藏时，要求表面包冰衣，冻肉和靠近库门的商品可用防水布覆盖，以减少干耗		
4	库房安全维护	1. 库内的墙、地坪、顶棚和门框上应无冰、霜、水，随有随清除；风机有滴水现象时及时报告维修科	随时	显示各个位置 显示库门 显示灯具
		2. 库门要精心维护，做到开启灵活，关闭严密，不跑冷		
		3. 库内堆垛商品重量和运输工具装载量不能超过地面设计负荷；严禁在库内用铁器摔击地面，防止砸坏地面，破坏隔热及防水层		
		4. 商品进出库及库内操作，要防止运输工具和商品碰撞库门、墙壁、冷风机、排水管及制冷管路		
		5. 发现地坪有冻鼓现象时，及时报告维修人员		
		6. 保持库内足够照明亮度，有灯具损坏及时报告维修人员更换		
		7. 库内严禁存放易燃、易爆及易挥发性物品，不得有明火		

续表

序号	项目	内容	维护频次	标准动作
5	库房卫生	1. 冷库四周不应有污水和垃圾，周围的场地和走道应经常清扫，定期消毒	随时	
		2. 冷库的工具和设备在使用前后应用清水冲洗干净，或用热碱水消毒	随时	冲洗工具
		3. 定期对库房消毒。消毒时将食品全部搬出，清除地坪、墙、顶板上的污点，发现有霉菌的地方，仔细用刮刀或刷子清除	1次/月	喷洒次氯酸钠消毒液，关闭库门

表 3-28　冷库日常维护保养操作手册（二）

序号	项目	内容	维护频次	标准动作
1	库内温度	1. 查看冷库温显仪显示温度并记录		指示温显仪
		2. 温度波动较大或异常时，按如下操作：①风机盘管霜层是否太厚，若霜层太厚，适当增加化霜时间；②减少开门次数；③检查机组系统 A. 查看一下库房内感温元件是否在正确位置或有无损坏 B. 库体有无漏冷之处，库门是否关严 C. 货物进库温度是否太高 D. 风机运转是否正常 E. 风机盘管霜层是否太厚，若霜层太厚，适当增加化霜时间 F. 减少开门次数 G. 库内是否有大量水迹，湿度过大 H. 检查制冷系统工作是否正常	1次/2小时	显示风机盘管霜层及感温元件位置
2	风机状态	1. 检查风机运转时的声音有无异常、风机的吊杆支架有无松动，若异常，立即停机检查	1次/日	显示叶片
		2. 风机叶片是否转动、有无变形，与机壳有无摩擦，及时矫正或更换		
		3. 风机翅片处有无杂物缠绕，及时清理		
		4. 风机外壳及底盘有无锈蚀，若有锈蚀，应用砂纸磨光，重新刷上防锈漆	1次/6个月	打磨、刷漆

续表

序号	项目	内容	维护频次	标准动作
3	化霜系统	1. 风机盘管化霜时，风机严禁运转，待确定化霜完全结束时，才能开机	1次/周	
		2. 化霜时货物不宜进出时，以免产生更大的温差		
		3. 查看风机盘管化霜情况，看霜层是否完全除去，并记录化霜时间，以便根据化霜效果调整化霜时间，达到最佳效果		记录化霜时间
		4. 检查化霜电加热管的电压、电流是否在正常范围内，若异常及时查修或更换		显示电热管电压、电流
4	排水系统	1. 保持接水盘内清洁，无杂物，接水盘出水口无障碍物	2次/周	显示接水盘
		2. 排水管及其保温层有无破损，若有及时修复		显示排水管
		3. 查看排水是否畅通，若比以前缓慢，应停机后疏通，防止脏堵或冰堵排水管路		
		4. 检查排水管内加热丝是否正常工作，防止积水冰堵		检测通断
5	库体及库门	1. 检查库板有无被撞损，若保温层破坏，应重新发泡，并做好外部隔气层保护；外部钢板损坏应及时修复并做好防腐	1次/月	发泡修补
		2. 库门应经常检查开启是否灵活、门体是否倾斜、螺母有无松动、门边密封胶条是否老化，若有则及时修复或更换	1次/周	
6	电控系统	检查电控盒内控制元件及接线是否有鼠咬、破皮、过热、老化等绝缘损坏现象，接头有无松动	1次/周	

表3-29 冷库日常维护保养操作手册（三）

序号	项目	内容	维护频次	标准动作
1	温度检查	1. 检查并记录当前温显仪显示温度是否在正常范围内	1次/月	记录温度
		2. 查看《温度记录表》是否有异常温度记录		
		3. 用自带数字温度计实测库内温度，以检测原冷库温显仪是否正常，否则维修或更换		

续表

序号	项目	内容	维护频次	标准动作
2	冷风机	1. 查看风机运转电压、电流是否在正常范围内	1次/月	
		2. 清除风机轴承处油污、添加新的润滑油	1次/年	
		3. 检查叶片四周有无残留的水滴,以防水滴结冰后粘住叶片		显示风叶及四周部分
		4. 检查叶片轴中心是否偏离,若垫片不平或螺栓松动易造成偏离	1次/月	
		5. 检测风机电气接线有无损坏或接头有无松动及电机的绝缘度		显示接线头部分
		6. 检查风速和风量。若风速不高或风量不匀,查看货物堆放是否合理,有无灰尘或异物堵住风口		
		7. 冷风机的盘管及翅片表面应均匀结霜,如果结霜不均匀或无霜,则供液不正常,从整个系统分析查找原因		
3	融霜系统	1. 检查冷风机化霜效果,有无冰疙瘩。仔细除去冰疙瘩,适当调整化霜时间	1次/月	显示融霜系统
		2. 检查电加热管的电压、电流及绝缘度		
4	排水管电热丝	1. 检查排水是否畅通,有无冰堵,并及时疏通	1次/月	
		2. 排水电加热丝的检测		
5	库体及库门	1. 检查库板有无被撞损,及时修复	1次/月	发泡修补
		2. 库门开启是否灵活、门体是否倾斜、螺母有无松动、门边密封胶条是否老化,若有则及时修复或更换	1次/月	
		3. 检查验证门报警装置是否完好		
6	电控系统	检查电控盒内控制元件及接线是否有鼠咬、破皮、过热、老化等绝缘损坏现象,接头有无松动	1次/月	

3.4 冷藏运输车

冷藏运输指将易腐、易变质食品在低温下从一个地方完好地输送到另一个地方的专门技术，是冷藏链中必不可少的一个环节，由冷藏运输设备来完成。

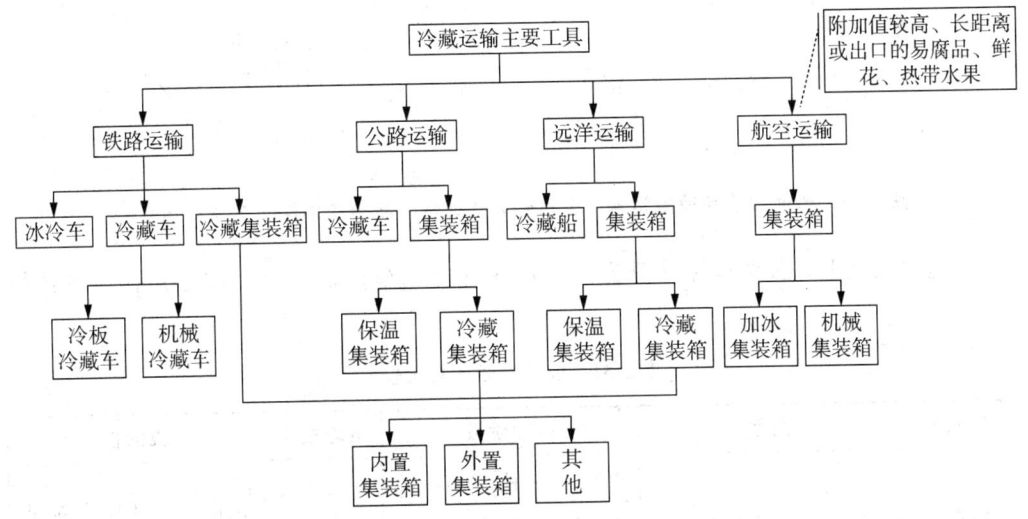

图 3-25　我国冷藏运输各方式工具一览

3.4.1 冷藏运输的类型和特点

冷藏运输类型根据运输途径可以分为公路运输、铁路运输、水路运输以及航空运输。

表 3-30　常见易腐食品的运输温度

货名	运输温度（℃）	货名	运输温度（℃）
鱼	$-17.8 \sim -15.0$	虾	$-17.8 \sim -15.0$
肉	$-15.0 \sim -13.3$	黄油	$-12.2 \sim -11.1$
蛋	$-15.0 \sim -13.3$	浓缩果汁	-20

1. 公路运输

公路运输是我国货运的主要手段，具有周转快、短途运输时效性高、灵活性强等优势。在普货方面，公路货运占比超过 75%。而在冷藏运输上，公路也比铁路发展得更早。在我国现有的冷藏运输货物中，公路运输的货量达到 93%，而铁路运输受限于多方面因素，只占到其中的 7%。

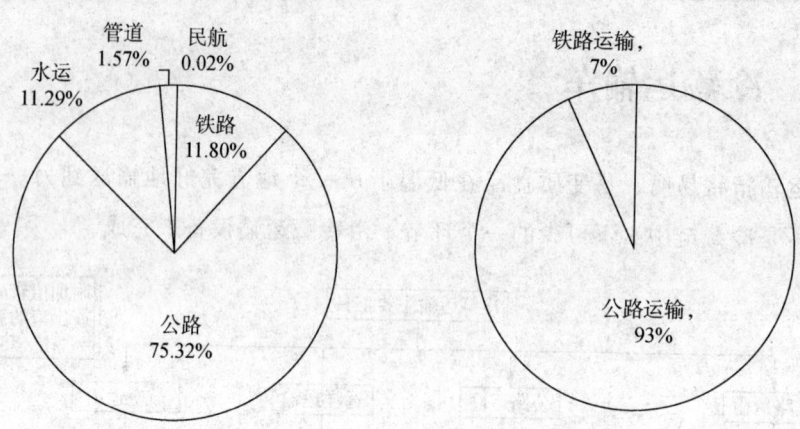

图 3-26 普通运输和冷藏运输中各运输方式比例（右普通运输，左冷藏运输）

在运输工具上，公路运输又分为汽车运输（冷藏车运输）及冷藏箱运输，具体特征见表 3-31。

表 3-31 公路冷藏工具比较

项目	运量	运输质量	运输成本	灵活性
冷藏车	较大量，整车运输	要求同货种装车，损耗较高，有时可能造成货物混合	较低	优良，但量较大对灵活性造成一定限制
冷藏集装箱	以每个集装箱为单位，可接受较小量	货物损耗低，货种选择灵活性大	较高	很好

公路冷藏汽车按照具体特性（或功能），可分为保温汽车、冷藏汽车和保险汽车，各类冷藏汽车特性见表 3-32。

表 3-32 冷藏汽车特性比较

冷藏汽车类型	冷藏汽车特性
保温汽车	只有隔热车体而无制冷机组
冷藏汽车	有隔热车体和制冷机组且温度可调范围的下限低于 -18°C，用来运输冻结货物
保鲜汽车	有隔热车体和制冷机组（兼有加热功能），厢内温度可调范围在 0°C 左右，用来运输新鲜货物

在运输距离上，公路运输主要负责的是一些特定远距运输以及大多数中短距运输。

表 3-33　我国公路运输运距以及使用工具情况

运输距离（km）	运输工具	运距描述
500 及以上	重中型车、半挂车	从产地到大城市或铁路或水路集运点
300 左右	中型车、轻型车	从中转冷库到港口、车站
20～50	轻型车	从城市冷库到市郊或市内车站、码头
20 以内	微型车	从冷库到销售点

2. 航空运输

航空运输是冷藏运输中时效最高的运输方式，由于其成本最高且批量小，主要针对有一定时效要求的高附加值产品。加冰集装箱是航空冷藏运输的主体工具，但随着冷藏运输要求的进一步提高，更精确控温的集装箱也慢慢出现。

表 3-34　航空冷藏工具比较

航空冷藏工具	运行原理	控温精度	缺点	现状
加冰集装箱	干冰作冷媒冷藏	一般	需特殊加冰基站	航空冷藏运输的主体
机械冷藏箱	机械压缩式制冷	高	成本高	少，主要用于特殊温控运输（要求 2℃～8℃的疫苗及温敏药物）

3. 远洋运输

远洋运输主要运用于渔业以及进出口时的大批量冷藏海运。在成本上，冷藏船是所有运输方式中成本最低的，但运输速度也是最慢的。根据类型远洋运输冷藏工具常见的主要有冷藏船和冷藏集装箱两种类型（见表 3-35）。

表 3-35　远洋运输冷藏工具比较

类型	运量	停泊港口	灵活性	成本	应用
冷藏船	多用途船上万吨，专业船百吨至千吨	无明确要求	差	总成本低，单位成本高	越来越少
冷藏集装箱	多为 10/3m 集装箱	较大港口，以满足广泛货源支撑大频度航线	好，点到点，一站式运输	冷藏箱造价成本高，运输单位成本低	越来越多，跨太平洋航线上已经占主要运输地位

4. 铁路运输

我国现有铁路冷藏运输主要分为铁路冷藏车以及铁路冷藏箱。其中，铁路冷藏车占据了铁路冷藏运输的绝大部分，铁路冷藏箱发展规模较小。

表 3-36　中铁特货铁路冷藏车具体车型情况

技术指标	B10 型	B21 型	B22 型	B23 型
车辆编组（辆）	1	8（9）	4（5）	4（5）
车辆换长	2	2.0（1.8）	2.0（1.8）	2.0（1.8）
车辆总长	21m	108m	108m	108m
车辆自重	40.5t	36.4t	36.8t	38.2t
单辆载重	38t	45.5t	46t	46t
成组载重	38t	182t	184t	184t
货物车内容积	100m³	92m³	105m³	105m³
货物车车内温度	−24℃～14℃	−22℃～14℃	−24℃～15℃	−24℃～15℃
构造车辆行驶时速	120km/h	120km/h	120km/h	120km/h

我国现有的冷藏车基本均为机械冷藏车，2007 年之前，我国冷藏车还包括相当数量的铁路冰冷车。

表 3-37　铁路冷藏车与铁路冰冷车比较

类型	运行原理	温控范围	温控精度	设备损耗度	应用
冰冷车	冰盐混合物制冷	小，一般为 −8℃	很差	腐蚀性强	已被取代
冷板冷藏车	冷板充电冷藏	稍大	差	中等	很少
机械冷藏车	单独车厢发电制冷	大	较好	中等	大部分

各类冷藏运输方式的运输特性比较见表 3-38。

表 3-38　我国冷藏运输方式比较

项目		公路	铁路	水路	航空
运输工具		冷藏汽车、冷藏集装箱（与水路通用）	冷藏列车、冷藏集装箱（特制）	冷藏船、冷藏集装箱（与公路通用）	冷藏集装箱（特制）
运送货物		国内冷链产品	国内冷链产品	进出口冷链产品	高附加值产品
运输成本	运费	高	低		
	其他成本（装卸、冷藏等）	较低	较高	最低	最高
	总成本	稍高	稍低		

续表

项目	公路	铁路	水路	航空
运输时效性	较高	低	最低	最好
运输范围	短距运输为主海外	远距运输为主	远距	偏向于远距运输
运输货量	小批量	大批量	大批量（最大）	小批量（最小）
运输灵活性	点对点	只负责干线运输，调货以及到站配送均是公路运输	灵活性低	灵活性高
运输方式	定期定线；定期不定线；定线不定期	基本不存在定期定线的情况	基本定线不定期	定期定线
运输周转率	高	低	低	高

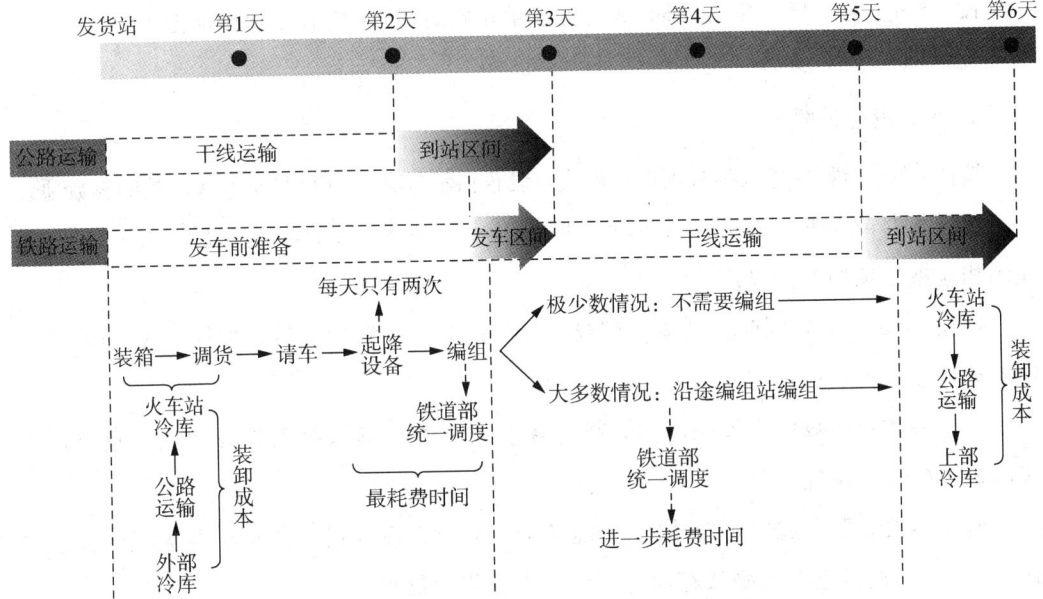

图 3-27 铁路与公路冷藏运输时间与流程比较

3.4.2 冷藏运输车的温度控制操作

选用 STC-8080 温控器演示操作。

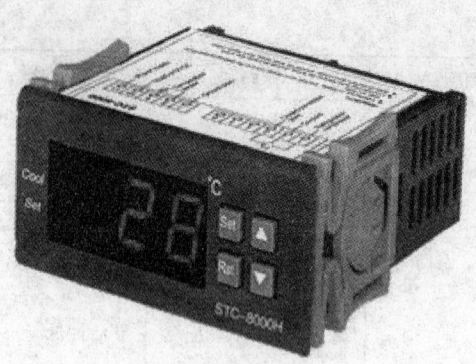

图 3-28　STC－8080 温控器操作主要界面

1. 键功能

查看参数设定模式（非设置状态下）。

按 [▲] 键，显示设定上限值，2s 后显示当前温度；

按 [▼] 键，显示设定下限值，2s 后显示当前温度；

按 [Set] 键，显示化霜周期 2s 后再显示化霜时间 2s 然后显示当前温度；

按 [Rst] 键，无效。

2. 参数设定模式

按住 [Set] 键 3s 进入参数项选择模式，设置指示灯亮，LED 显示上次调整的参数项。

按 [▲] 或 [▼] 键进行参数项选择（F1……F6），参数项选定后，按 [Set] 键显示相应参数项的参数设定值。

按住 [Set] 键，同时按 [▲] 键或 [▼] 键即可设定参数值，按住 [▲] 或 [▼] 键不放，参数值动快速增或减。

一个参数项参数值设置完成后，按 [▲] 或 [▼] 键选择其他参数项，重复以上步骤进行参数值设置。

所有参数设置完成后，按 [Rst] 键确认并复位，设置指示灯灭。若无任何按键操作，30s 后，机器也自动确认存储并复位，设置指示灯灭。

3. 制冷、化霜、温度校正

（1）制冷与自动化霜。当感温探头测量值高于设定上限值时，制冷继电器吸合，启动制冷压缩机。当感温探头测量值低于设定下限时，制冷继电器断开，关闭制冷压缩机。化霜周期时间到时，化霜继电器吸合，进行化霜；化霜时间到时，化霜继电器断开，结束化霜。

（2）手动化霜。当化霜周期、化霜时间设置不合适或其他情况需要手动化霜时，可执行此功能。按住 [▼] 键 3s，执行手动化霜，再按住 [▼] 键 3s 则退出手动化霜状态。若不手动退出,则执行自动化霜时间,化霜结束后退出手动化霜状态。

(3) 取消化霜功能。将化霜周期或化霜时间设置为"0",则取消化霜功能。

(4) 温度校正。若控制器测量显示值与实际温度有误差时可使用温度校正功能进行校正。按住[Set]键3s进入设置状态,按[▲]或[▼]键调整到LED显示F3,此时,同时按住[Set]键和[▲]或[▼]键,在±5℃范围内选定一合适值即可。校正后显示值=校正前显示值+校正值。

4. 延时保护

机器通电后,延时3min才会进入制冷状态;

机器通电状态下,制冷继电器两次吸合之间≥3min。

3.4.3 冷藏车隔温处理

在易腐食品冷链物流中,特别是零担运输中往往出现将对温度有不同要求的货物一同运输。为节约资源,在实际运作中往往根据不同运送货物的不同数量和温度要求进行合理调节各区域的面积。

隔温处理最常见的方法是运用隔温板及撑杆操作,以下是常见的几种方式。

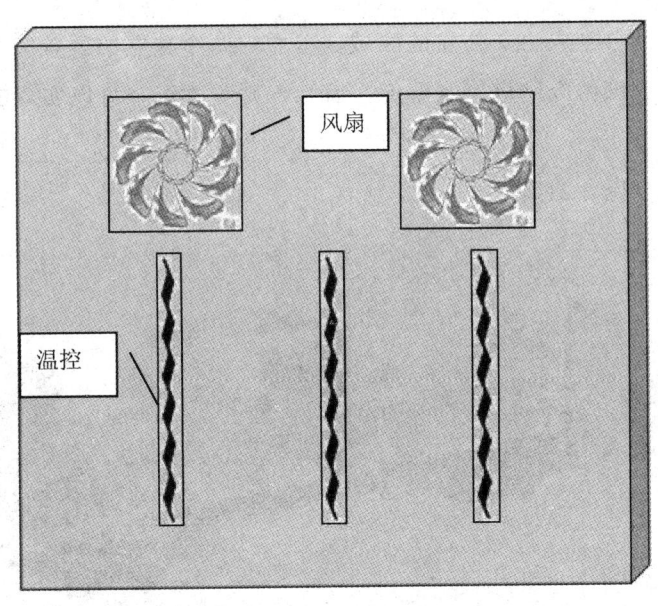

图3-29 常见隔温板示意图

第一种方式(图3-30):

图3-30 冷藏车隔温处理方式(一)

①区域的温度为-25℃~0℃。
②区域的温度为常温。
③制冷空调。

隔温板将车厢分割成两个独立的区域,车厢内两个独立的区域完全隔绝,空气互补流通,前半部区域由冷风机控制温度,后半部则为常温,可以实现冻货与常温货物的混装。

第二种方式(图3-31):

图3-31 冷藏车隔温处理方式(二)

④区域的温度为-25℃~0℃。
⑤区域的温度为1℃~5℃。

③制冷空调。

隔温板将车厢分割成两个独立的区域，车厢内两个独立的区域相对隔绝，但可以通过温控隔板上附带的温控及风扇实现温度调控，最终实现冻货与低温货物的混装。

第三种方式（图 3-32）：

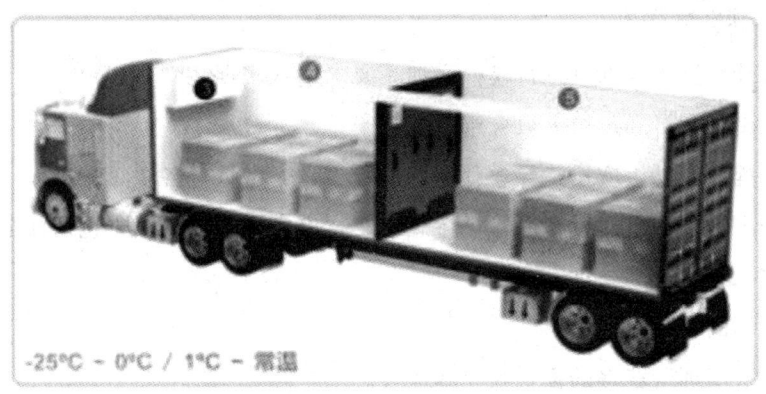

图 3-32　冷藏车隔温处理方式（三）

⑥区域的温度为 −25℃～0℃。

⑦区域的温度为 1℃～5℃。

⑧区域的温度为常温。

⑨制冷空调。

两个隔温板将车厢分割成三个独立的区域，车厢内三个独立的区域相对隔绝，但可以通过温控隔板上附带的温控及风扇实现温度调控，实现冻货、低温货物、常温货物的混装。

3.4.4　集装箱运输组织

1. 实习目的和意义

（1）帮助学生熟悉集装箱运输组织工作的作业范围、作业内容、服务要求和操作程序。

（2）熟悉集装箱运输管理系统的构成及功能，并进行实操训练。

（3）巩固所学理论知识，增强感性认识，增强实际操作能力。

2. 实习内容

（1）集装箱运输组织。

（2）集装箱车辆管理。

(3) 运费计算。

(4) 业务处理。

(5) 财务管理。

(6) 统计分析。

3. 要求和注意事项

学生按计划进入实训室进行模拟实训,要求遵守实训室管理规定。

学生按设备数量和班级人数分组,服从安排。

实训过程中,学生应按指导教师提示的步骤,循序进行各项目的操作。

实训结束后,学生对模拟操作进行总结,写出实训报告,报告包括如下内容。

(1) 实训的目的和要求。

(2) 实训的步骤。

(3) 本次实训所获得的主要收获和体会。

注:完成该实训项目需物流管理软件(集装箱运输管理系统)支持。

3.4.5 冷藏车货物温度记录

ZTR-i100系列温湿度记录仪操作。

1. ZTR 记录仪构成

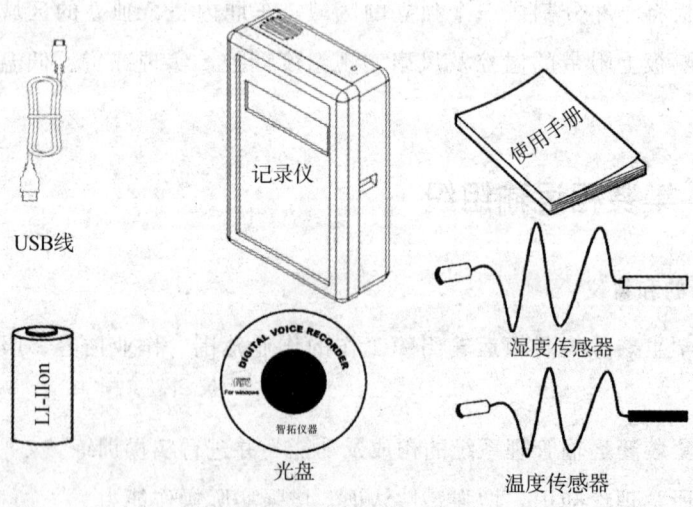

图 3-33 ZTR 记录仪构成

2. 参照说明书安装硬件及软件

3. 液晶显示屏图示及功能

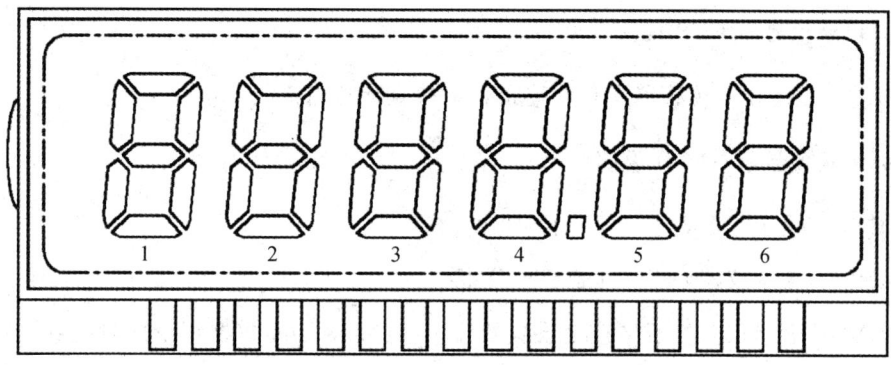

图 3-34 液晶显示屏示意图

1）第一个 8 段式显示——通道指示

当记录仪液晶在显示测量数据的时候，第一个"8"指示当前测量的通道。

A：通道一；

B：通道二。

2）第 2、3、4、5 位"8"——数据显示区域

当数据记录仪开启状态后，2、3、4、5 位"8"段式为数据显示区域，当测量模式为"低功耗模式时"，3、4 位在显示数据区域时，间隔性显示"LO"，代表该测量模式下为低功耗测量模式。

3）第六位"8"段式——单位显示

测量数据量显示如下表示。

C：温度；

H：湿度；

F：华摄氏度；

P：Pa。

4. 液晶特定显示意义表示

记录仪显示 NOFF 说明。

OFF：表示仪器处于"PC 停止"状态；

1OFF：表示仪器处于"手动启动"但未启动状态；

2OFF：表示仪器处于"定时启动"但未到指定的启动时间；

9OFF：表示仪器"在记录过程中，出现意外情况，终止"包括意外重启以及出错。

5. 记录仪显示 ERR 说明

ERR：表示仪器传感器未正常连接，请检查传感器接线。

6. 记录仪显示 NEND 说明

1END：表示仪器处于"手动停止"状态；

2END：表示仪器处于"记满停止"状态；

4END：表示仪器处于"按记录次数停止"状态，表示仪器记录此时达到设定值。

7. 温度分析

1）设置记录仪启动配置

记录仪在默认状态下是关机的，如果要启动记录仪以及设置启动模式与记录时间间隔，需要点击"开始记录"按钮。软件出现如下界面（图 3-35）。

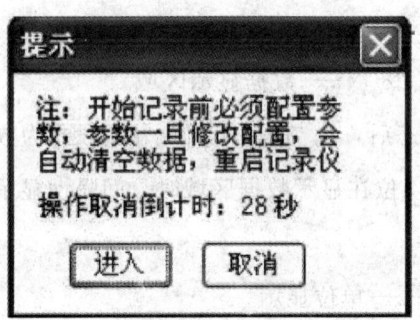

图 3-35　设置记录仪启动配置

如果 30s 内，未点击"进入"按钮，将取消配置。此处我们点击"进入"按钮，会进入参数配置向导。

首先填写您需要设置的"用户名"以及"标题"，如图 3-36 所示。

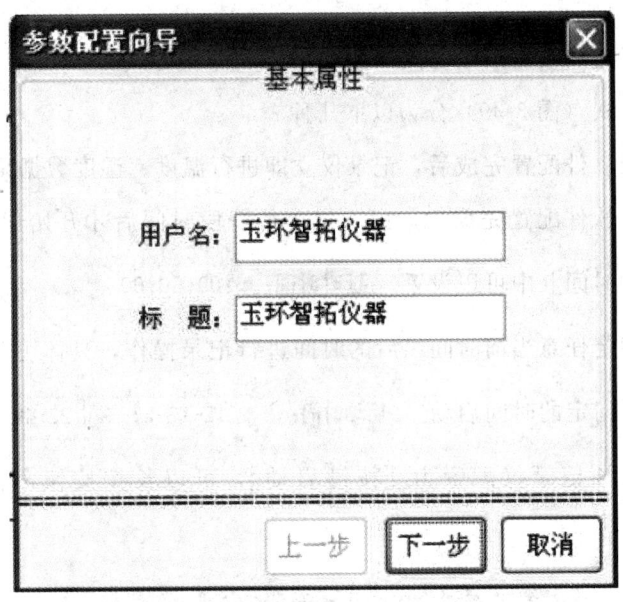

图 3-36 设置"用户名""标题"

点击下一步,进入"功耗模式"与"记录间隔"设置,如图 3-37 所示。

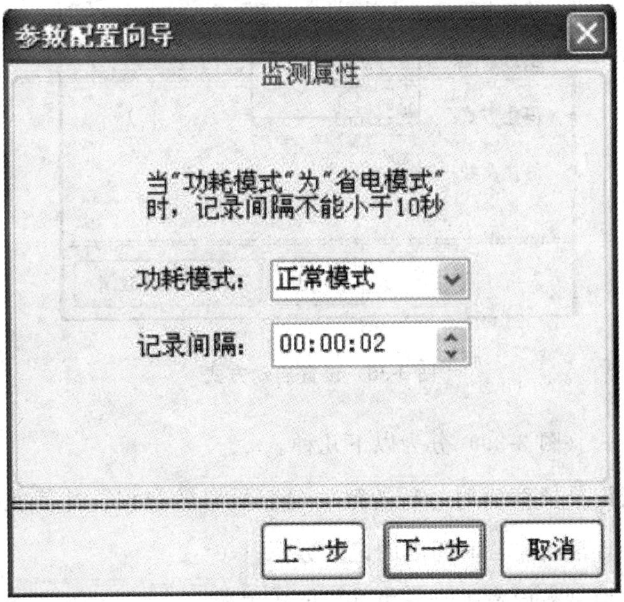

图 3-37 设置"功耗模式""记录间隔"

注意:记录仪默认的设置为 30s 记录间隔,省电模式。本记录仪的记录间隔即传感器的采样间隔,这个记录间隔可有 2s~24h 任意设置。省电模式下,最小记录间隔为 10s。

点击下一步，进入设置启动方式（图 3-38）和停止方式。

记录仪启动方式（图 3-39）分为以下几种。

立即启动：当软件配置完成后，记录仪立即进行温度、湿度数据采样并记录；

延时启动：当软件配置完成后，记录仪等待一段时间后才开始记录工作，这个延时的参数在［延时时间］中可以设置。

定时启动：指定任意当前时间以后的时间进行记录操作，具体可通过［启动时间］来配置该记录仪在指定的时间启动。

按键启动：当该记录仪配置为［按键启动］，可以长按按钮，启动记录仪进行工作。

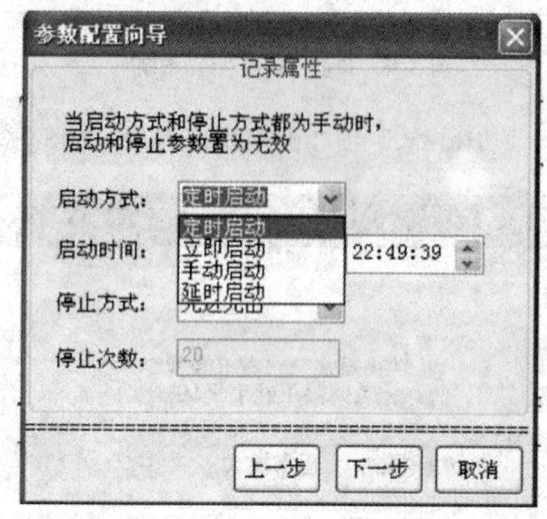

图 3-38　设置启动方式

记录仪停止方式（图 3-39）分为以下几种。

先进先出：当记录仪存满时，新的数据覆盖最早的数据，并依次类推，记录仪存储空间内始终维持着最新一段时间内的记录数据；

存满停止：当记录数据存满时，记录仪停止工作；

按记录次数停止：当记录数据达到设定的次数时，记录仪停止工作；

按键停止：长按按键，记录仪停止工作，如果一直未手动停止，记录仪会一直以先进先出的停止方式工作。

项目 3　冷链物流设备

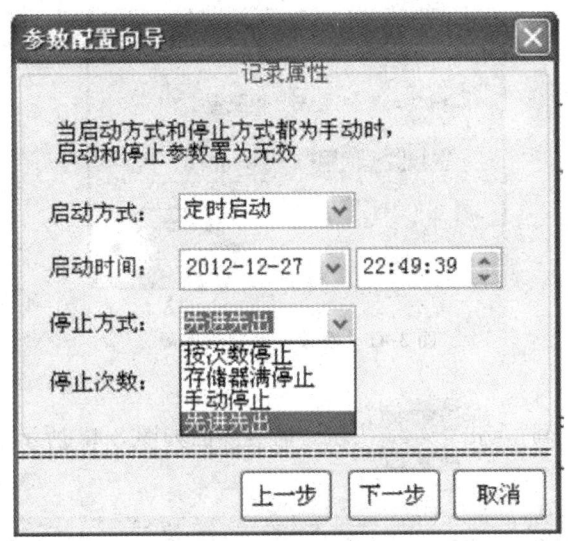

图 3-39　停止方式

点击"下一步",进入报警设置。报警属性框中,选中开启前的复选框,则启动报警通道,如图 3-40 所示。

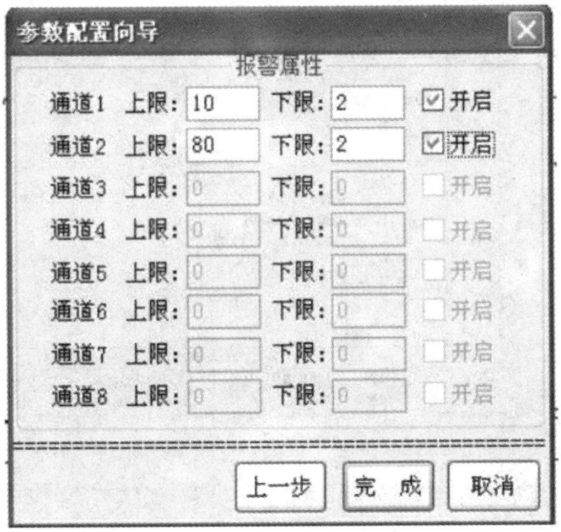

图 3-40　设置报警

2)在线监测

启动在线监测功能之前,点击  按钮,打开"系统配置",如图 3-41 所示,设置在线监测间隔。

■ 冷链物流实验实训

图 3-41 设置在线监测间隔

然后，回到主界面，点击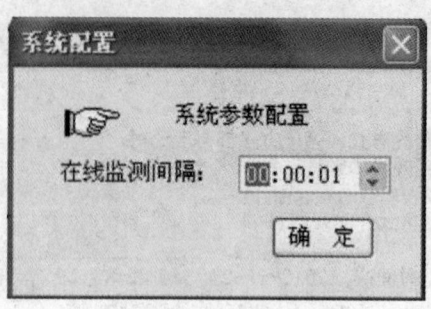按钮，监测界面如图 3-42 所示。

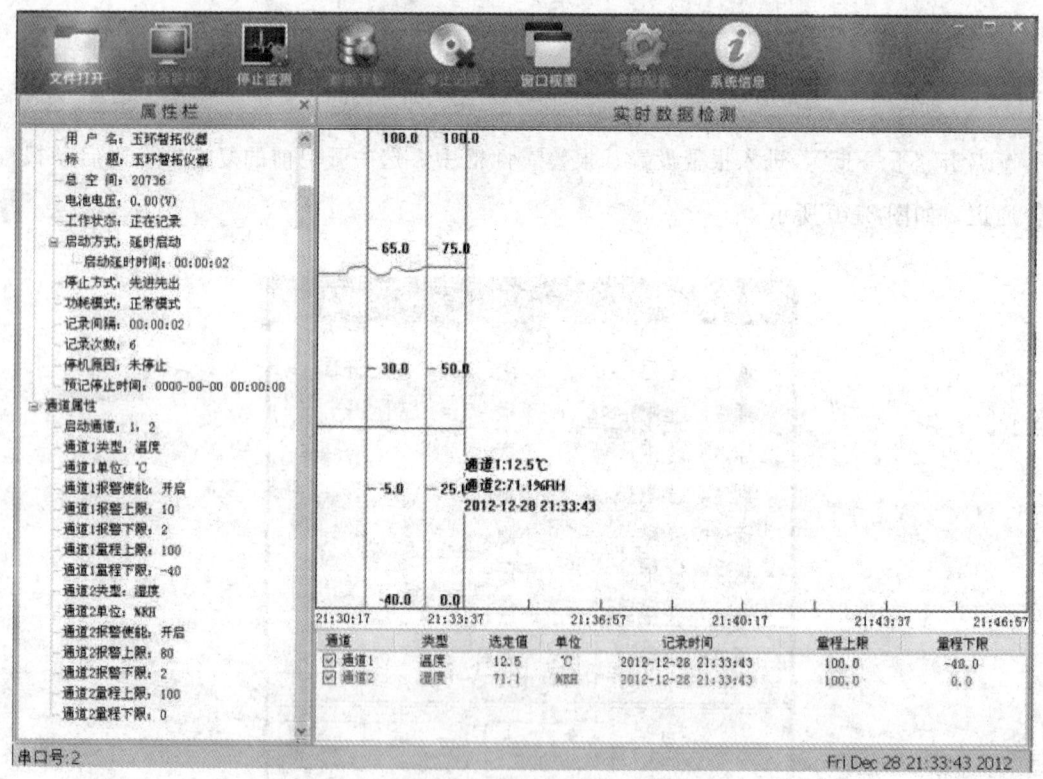

图 3-42 在线监测界面

3）历史数据下载

本记录仪任意时刻均可读取/下载记录仪内部的数据，记录时不能对记录仪进行电池更换，否则记录仪会丢失当前数据进入异常停机状态。

点击"数据下载"按钮时,界面如图 3-43 所示。

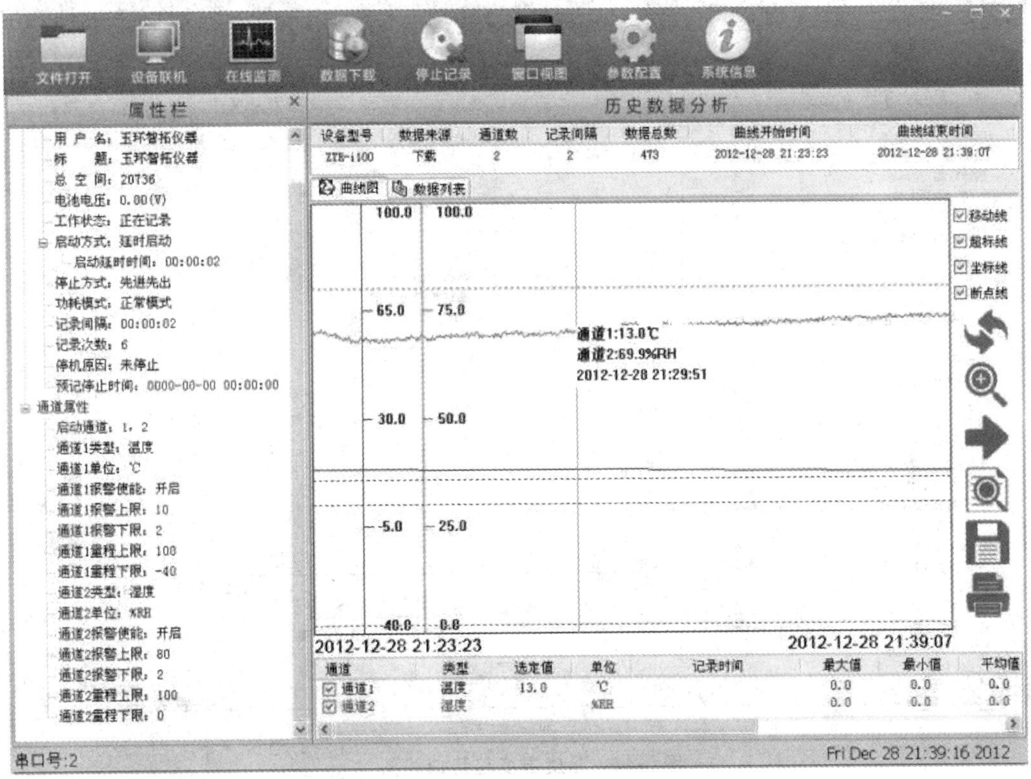

图 3-43 数据下载界面

4) 数据分析

当记录数据全部下载完时,DataLink 分析软件主体窗口会弹出一个曲线图,用于显示记录范围(时间或者点数)的温度、湿度趋势曲线图,拖动鼠标会产生一条浅灰色测量线,该测量线会显示当前时间下的温度、湿度值。

查看数据时,点击[放大按钮],在数显区内拖动鼠标并放开,数显区会在拖动的框内放大数据显示,方便查看。

点击[放大按钮]后,想在放大区内查看数显区内即时数据,可以点击[正常]按钮,如图 3-44 所示。

■ 冷链物流实验实训

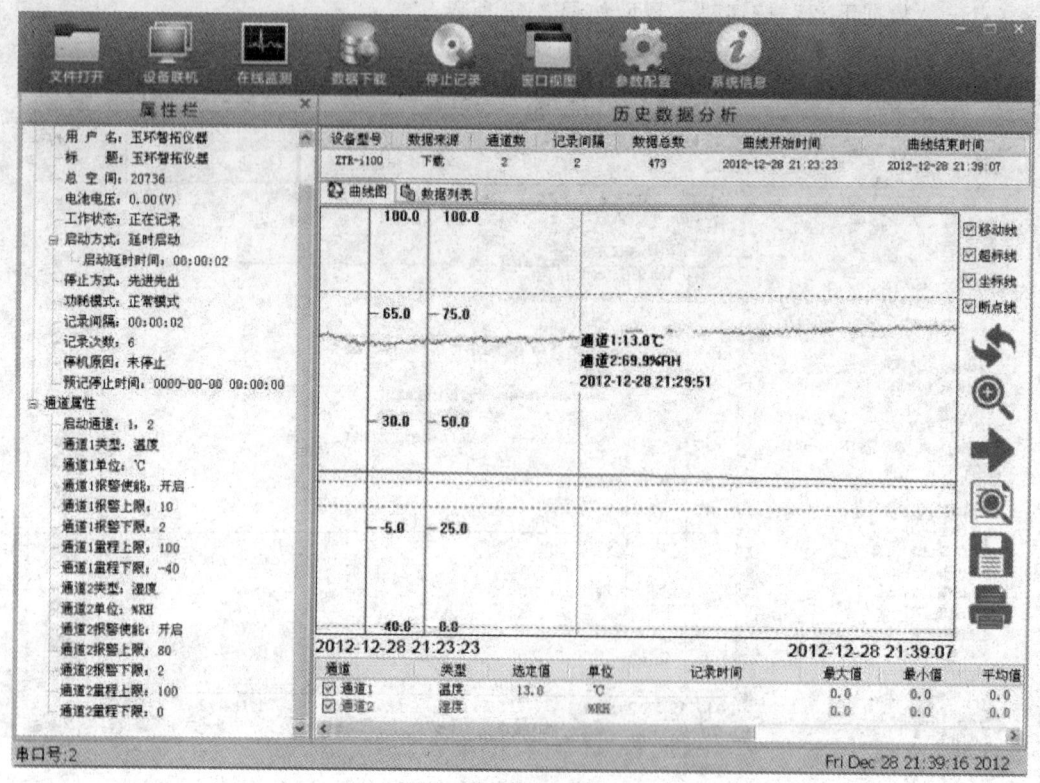

图 3-44　温度湿度趋势曲线图

点击［放大按钮］后，想回到放大前的显示状态，可以点击"右键"。

查看曲线图时，可以按时间范围进行定制查询见图 3-45。

图 3-45　按时间段查询数据

5）查看数据列表

点击主体窗中［曲线图］和［数据列表］可以切换曲线图和数据列表在主体窗口的显示，显示列表格式具体见图 3-46。

项目3 冷链物流设备

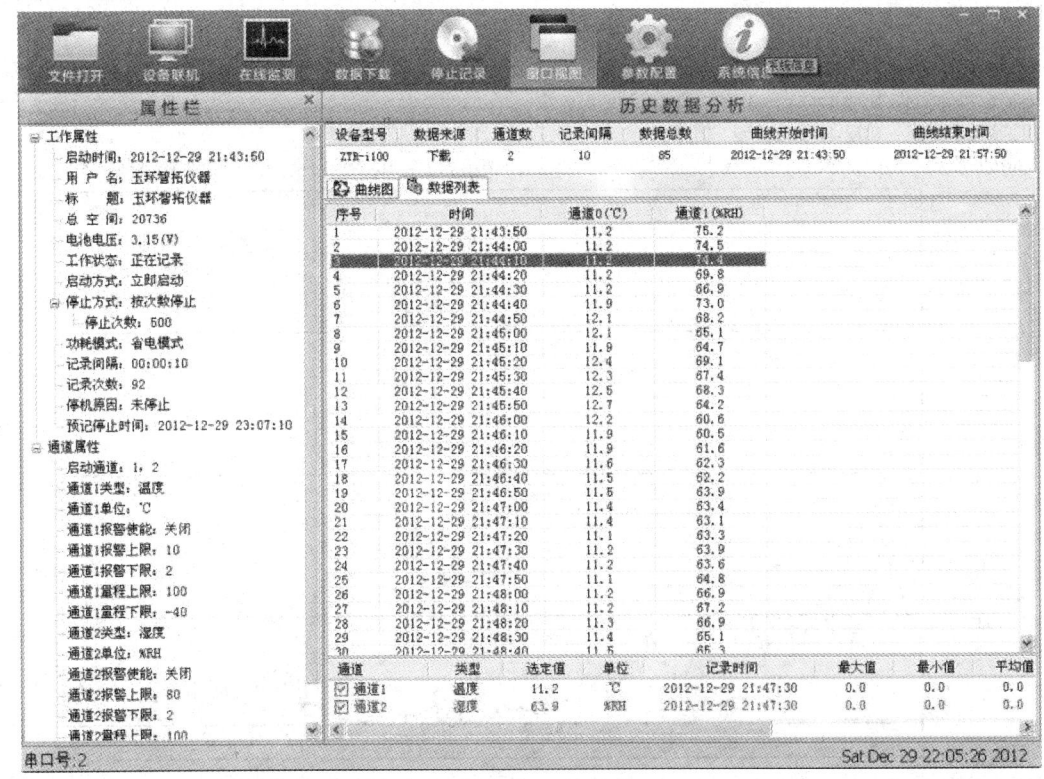

图 3-46 查看数据列表

6）导出数据

在［曲线图］窗口中，点击［保存］按钮，可以导出数据。数据格式可以为：txt、csv、mjc 文件。

7）打印数据

在［曲线图］窗口中，点击［打印］按钮，可以在出现的弹框中，选择［打印曲线］或者［打印数据］（图 3-47）以及选择时间段进行打印。

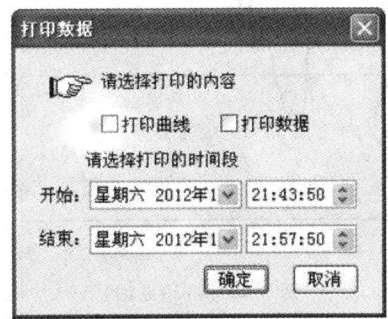

图 3-47 打印数据选项

选中复选框［打印曲线］（图 3-48）。

设备号：log
数据总数：264
曲线开始时间：2012-12-29 21:43:50
曲线结束时间：2012-12-29 22：27:40
通道1, 类型：温度，单位：℃，最大值：12.7. 最小值：10.0. 平均值：10.6. 报警上限：10.0. 报警下限：2.0

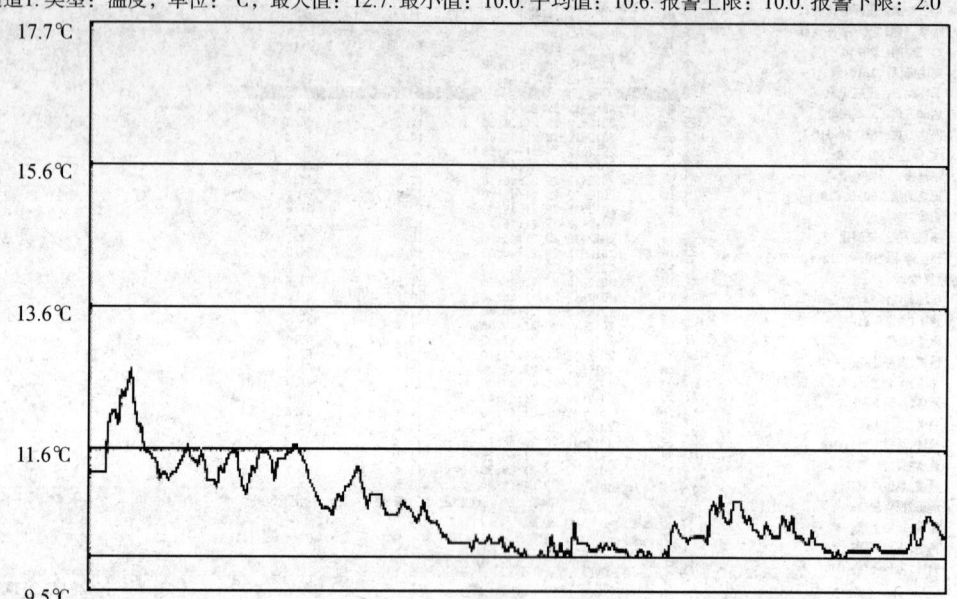

通道2，类型：湿度，单位：%RH，最大值：75.2，最小值：60.5，平均值：67.7，报警上限：80.0，报警下限：2.

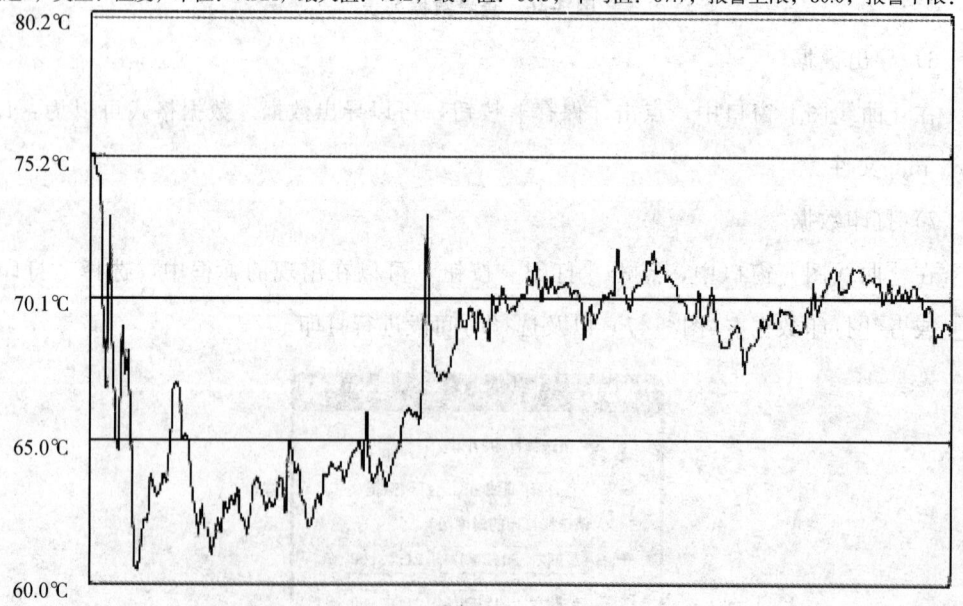

图 3-48　打印曲线

选中复选框［打印数据］（图 3-49）。

序号	时间	通道1(℃)	通道2(%RH)
1	2012-12-29 21:43:50	11.2	75.2
2	2012-12-29 21:44:00	11.2	74.5
3	2012-12-29 21:44:10	11.2	74.4
4	2012-12-29 21:44:20	11.2	69.8
5	2012-12-29 21:44:30	11.2	66.9
6	2012-12-29 21:44:40	11.9	73.0
7	2012-12-29 21:44:50	12.1	68.2
8	2012-12-29 21:45:00	12.1	65.1
9	2012-12-29 21:45:10	11.9	64.7
10	2012-12-29 21:45:20	12.4	69.1
11	2012-12-29 21:45:30	12.3	67.4
12	2012-12-29 21:45:40	12.5	68.3
13	2012-12-29 21:45:50	12.7	64.2
14	2012-12-29 21:46:00	12.2	60.6
15	2012-12-29 21:46:10	11.9	60.5
16	2012-12-29 21:46:20	11.9	61.6
17	2012-12-29 21:46:30	11.6	62.3
18	2012-12-29 21:46:40	11.5	62.2
19	2012-12-29 21:46:50	11.5	63.9
20	2012-12-29 21:47:00	11.4	63.4
21	2012-12-29 21:47:10	11.4	63.1
22	2012-12-29 21:47:20	11.1	63.3
23	2012-12-29 21:47:30	11.2	63.9
24	2012-12-29 21:47:40	11.2	63.6
25	2012-12-29 21:47:50	11.1	64.8

图 3-49　打印数据

8. 设置功能详细解析

（1）设置用户名称和标题。用户名称和标题，设置完成后，将显示在属性栏中。此处一般填写操作人员、科室、库房名称等等。

（2）设置功耗模式。记录仪工作状态分为"正常模式"和"省电模式"。在"正常模式"下，记录仪实时采样，并实时刷新数据，功耗较高。在"省电模式"下，记录仪在以记录间隔时间段内采样，数据刷新的频率以记录间隔为周期，并伴以显示"LO"作为提示，该模式下，功耗较低。

（3）设置记录间隔。记录间隔是指每两次记录的间隔，软件设置为格式为 hh：

mm：ss，最小设置为2s，最大设置为24h。请根据您的实际使用情况，进行设置。

（4）设置启动模式。该款记录仪支持的启动模式有4种，分别为立即启动/延时启动/定时启动/手动启动。立即启动模式的工作状态是设置完参数后，记录仪立即启动测量记录功能；延时启动模式下，当设置完参数后，仍然需要等待一个延时时间（软件设置）才能进入采样记录状态；定时启动模式则可以预设置从当前时间器的任意时间进行采样记录，这种模式下需要设置yy－mm－dd hh：mm：ss格式的年月日时分秒参数；按键启动模式下，当长按按键3s左右，记录仪启动采样记录状态。

（5）设置停止模式。该款记录仪的停止工作模式可分为4种，分别为先进先出/存满停止/按记录次数停止/按键停止，先进先出模式是一种防止存储器空间溢出导致数据丢失的预防模式，如果启动用这个模式，则存储器内的记录数据始终为结束时间起向前推算的一个标准存储容量。即在存储器中，后来的数据及时更新最早的数据。存满停止模式是一种最常用的记录模式。也是本记录仪的默认结束模式，在这个模式下，一旦记录仪数据达到存储器额定容量，记录就被停止。记录停止后，用户可以在记录仪液晶显示界面上获得提示。

（6）报警上限。当采样数据高于报警设定的上限值时，记录仪蜂鸣器报警（需要选中"使能"复选框）。

（7）报警下限。当采样数据低于报警设定的下限值时，记录仪蜂鸣器报警（需要选中"使能"复选框）。

3.4.6 冷链运输成本分析

1. 运费成本分析

铁路机械冷藏车的运价采用如下公式计算：

（发到基价＋运行基价×运价里程）×计费重量

其中目前最新的发到基价为12.9元/吨，运行基价为0.0875元/（吨·千米）。

除此之外，还有冷却费（冷却未冷却的瓜果、蔬菜等）、货物回送费（托运人取消托运等造成空车回送）、制冷费（超出规定装卸车时间导致需要额外制冷）等多项其他费用。

公路运价的制定遵循交通部公路运价管理规定，冷藏车属于特殊车辆，运价在基本运价的基础上加成计算。由于交通部对加成幅度没有明确规定，冷藏车的运价基本市场化。虽然相关统计数据比较缺乏，目前冷链物流业内一个基本共识是：在1000km

之内铁路运输完全无优势；2000km 左右的距离，如果能组织起有效率的物流系统，计算上补货时间、销售延迟、货损计算等间接费用，铁路也不见得有优势。铁路运输成本较高的原因，包括较长的等待（编组）时间、高货损且难以索赔、多次装卸影响效率等。

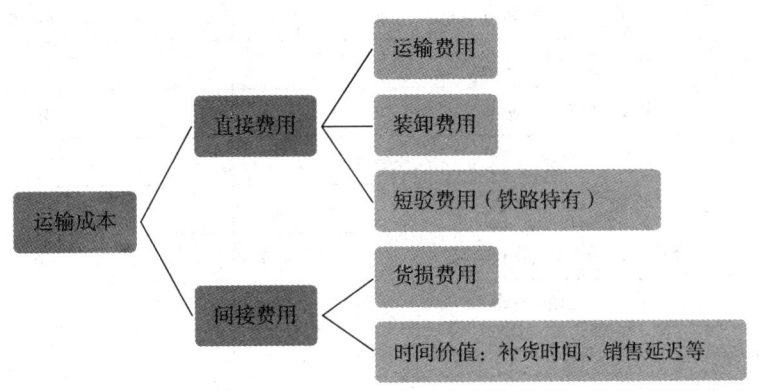

图 3-50　陆运成本分析

2. 铁路冷藏车、冷冻车运费的计算

1）冷藏车、冷冻车运费的计算

冷冻车运费＝（冷冻车货物基价 1＋冷冻车货物基价 2×运价里程）×冷冻车计费重量

2）冷冻车的运价率

使用冷冻车运输货物，按《铁路货物运价规则》附件二"铁路货物运价率表"中规定的运价率计算，该表中的冷冻车根据运价率分为加冰冷冻车、机械冷冻车。

使用铁路冷板冷冻车运输的货物按加冰冷冻车运价率加 20% 计费。

使用铁路机械冷冻车运输，要求途中保持温度－12℃（不含）以下的货物，按机械冷冻车运价率加 20% 计算。

途中不需要加温（或托运人自行加温）或制冷的机械冷冻车按机械冷冻车运价率减 20% 计费。

用铁路冷冻车、隔热车经铁道部批准代替其他货车装运非易腐货物，按其所装货物适用的运价率计费。

自备冷冻车装运非易腐货物，按其所装货物适用的运价率计费。

加冰冷冻车不加冰运输时，按冷冻车运价率计费。

3）冷冻车的计费重量

使用冷冻车装运货物，按《铁路货物运价规则》中"整车货物规定计费重量表"

(表3-39)规定的计费重量计费。

表3-39 整车货物规定计费重量表

车种车型	计费重量（t）
B_6 B_{6N} B_{6A} B_7（加冰冷藏车）	38
BSY（冷板冷藏车）	40
B_{18}（机械冷藏车）	32
B_{19}（机械冷藏车）	38
B_{20} B_{21}（机械冷藏车）	42
B_{10} B_{10A} B_{22} B_{23}（机械冷藏车）	48
SQ_1（小汽车专用平车）	85
QD_3（凹底平车）	70
$GH_{95/22}$ $GY_{95/22}$ GY_{95S} GY_{95}（石油液化气罐车）	65
GH_{40} GY_{40}（石油液化气罐车）	65
GY_{100S} GY_{100}（石油液化气罐车）	70

加冰冷冻车不加冰运输时，按标重计费。

铁路隔热车按标重计算，货重超过时，按货物实际重量计费。

经部批准，使用冷冻车装运非易腐货物，按标重计费；货重超过时，按货物实际重量计费。

使用自备机械冷冻车装运货物时，按60t计费。

3. 其他费用

(1) 冷却费。在温季和热季（装车时外温确定）使用机械冷冻车装运需要途中制冷运输的未冷却的瓜果、蔬菜，按货物重量核收冷却费每吨20元。

(2) 货车回送费。根据托运人的要求，铁路冷冻车在其他站加冰、盐后送至发站装货时，由发站或加冰站按第7号运价率与自加冰站至发站间里程核收货车回送费。冷冻车送到装车以后，托运人取消托运，应核收空车回送费，每车150.00元。

(3) 制冷费。由于托运人（收货人）的责任，机械冷冻车超过规定的装（卸）车时间，在此期间需要制冷时，除核收货车使用费外，还应按日（不足12小时按半日）根据《铁路货物运价规则》表4"铁路货运杂费表"核收制冷费。冷冻车送到装车以后，托运人取消托运，除核收空车回送费外，对已经预冷的机械冷冻车，还应核收一日的制冷费。

(4) 加冰冷冻车始发所发需的冰、盐由托运人准备。如托运人要求承运人供应，承运人则按实际发生的费用核收。

3.5　销售冷藏柜的保养

1. 实训目的

销售冷藏柜是冷链物流产品直接面向消费者的环节，冷藏柜的保养若不合理不仅会影响使用寿命，增加能耗，而且会导致冷链产品品质变差甚至发生腐败现象。通过冷藏柜的保养操作可以掌握销售端产品质量的保证，延长冷藏柜的寿命。

2. 操作工具

长的软管（能从各个水龙头接到陈列柜的长度）。

推车、铅桶、抹布、刷子、小铲子、手套、清洁剂。

垃圾箱与塑料垃圾袋。

3. 实训步骤

1）陈列柜柜内配件的清洁

先将陈列柜上的商品移到冷藏库或冷冻库中去。

关上冷冻机、陈列柜的风扇马达、防露加热器和照明的开关或断路器。

将陈列柜最下层的陈列板和回风口格栅全部拆下，清洗脏处。

注：陈列板和回风口格栅装上推车运到清洗房，用刷子等洗净；

　　陈列板的反面也用水洗净；

　　陈列板和回风口格栅靠在墙壁待水沥完后，用干布擦干。

2）陈列柜底部的清洁

将充气室和风扇马达叶片的脏痕擦去：用湿布擦去充气室的脏痕。请不要直接浇水或用水冲洗风扇马达、电容器等，否则会引起短路、触电。用湿布擦去风扇叶片上的脏痕。将充气室抬起，用上面的挂钩挂在内壁的插孔上。打开后，用湿布擦去充气室背面的垃圾：用水冲洗前把能用手捡的标签和商品的碎片等垃圾全部捡掉，扔进准备好的垃圾箱。

先不拆下排水滤网，用水冲洗：先不拆下排水滤网，将水龙头关小后冲洗；再清除陈列柜的底面脏痕，对难去掉的脏痕（充气室容易积垢）可用刷子清扫；用手捡去聚集在排水滤网周围的垃圾（用水冲洗底面后，垃圾自然而然地聚集在排水滤网的周围）。将排水滤网拆下，用水洗干净；用水冲洗排水口，用刷子仔细地洗净排水口。然后，将软管插进排水口，加大水的压力充分用水冲洗。用水充分冲洗后，将洗净的排水滤网准确地装上。将充气室放下，把拆下的回风口格栅和陈列板安装回原处。

注：充气室放下时，与底面留有空隙的话会引起冷却不良，请将充气室紧贴底面。

3）陈列柜清洁结束后的工作

打开冷冻机、陈列柜的风扇马达、防露加热器和照明的开关或断路器。

整个柜内冷却下来需要一个小时左右，请确定柜内温度情况（适温）后，再陈列商品。

4）蜂窝状出风口的清洁

蜂窝状出风口起着对在柜内循环的冷气进行整流，即形成风幕的作用。如果灰尘等堵住蜂窝状出风口，出风风力会减弱，制冷能力下降，同时还会增加用电量。此外还会使得陈列柜的顶板上容易形成水滴，而影响陈列柜商品的包装。定期清洁蜂窝状出风口，一年可节约 5%～10% 的电费。

在商品上盖上挡灰的布等，双手抓住夹子，将蜂窝拉出。

去除灰尘等杂物，用水洗净蜂窝。

将洗净的蜂窝轻轻地拍打，去除水分后装回原处。蜂窝安装有前后之分，请按正确的图示安装。

4. 讨论

1）哪些部门的陈列柜是清洁重点？

陈列酱菜、有叶蔬菜、豆制品和乳制品的陈列柜请重点清洁。

2）陈列柜内积水时，该怎么办？

不随便用水冲，请先将污物刮去后再用水清洗，否则会使得排水存水弯堵塞。

3）蒸发器上结霜后，怎么办才好呢？

用热水或水耐心地浇，使其融化。请绝对不要使用锤子或螺丝刀、小刀等。如果弄破盘管的话，会引起冷媒气体泄漏。

项目 4 冷链物流信息系统

4.1 中国冷链 T-GPS 系统操作

4.1.1 登录中国冷链 GPS 系统

1. 通过中国冷藏网登录

在浏览器的地址栏里输入网址 http：//www.leng56.com/，回车（按 Enter 键）链接到中国冷藏网首页，点击登陆链接，进入会员登录界面，如图 4-1 所示。

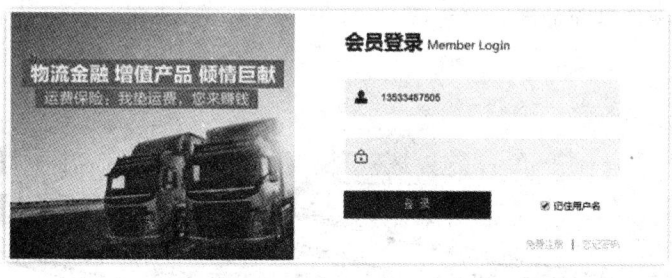

图 4-1 T-GPS 系统登录页面

2. 系统主页面

登录后进入当前登录用户的 GPS 系统主页面（图 4-2）。

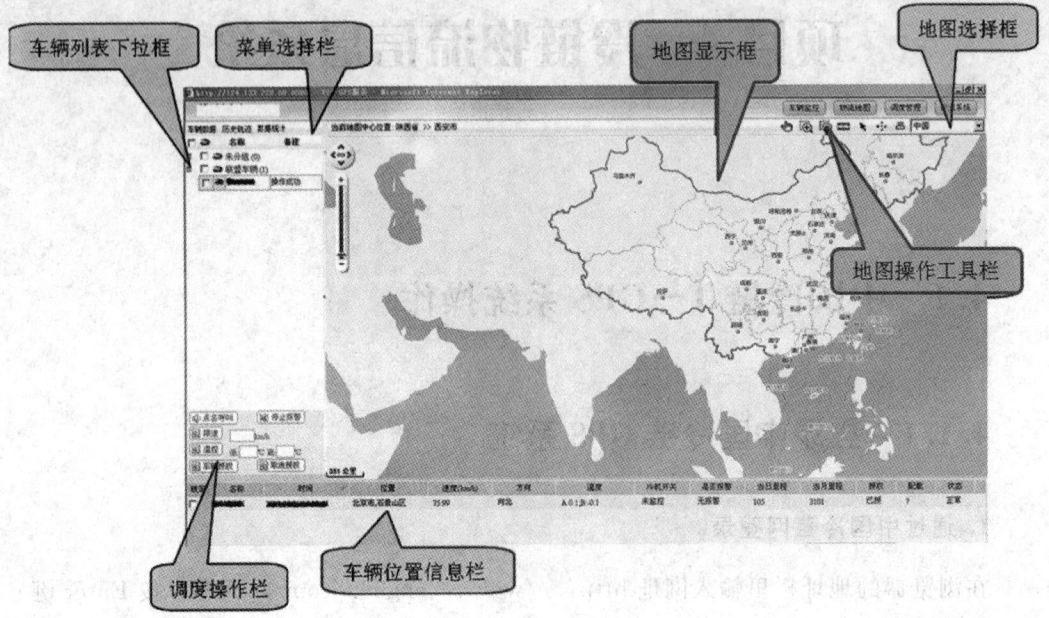

图 4-2　用户登录后页面

4.1.2　地图操作

地图操作界面如图 4-3 所示。

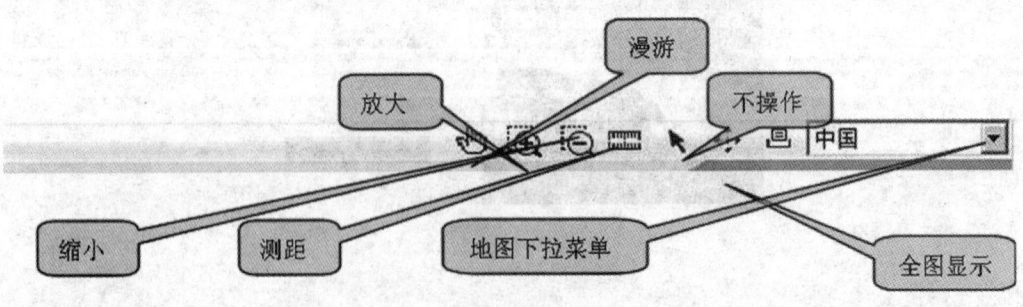

图 4-3　地图操作界面

通过地图操界面可以进行地图切换、放大、缩小、漫游、测距及全图显示灯操作。

1. 地图切换

系统打开后地图显示框中显示的是当前登录用户默认的关联地图，切换地图时只需点击地图选择下拉框中列举的选项。下拉列表框中的地图可以由管理员任意指定，并且可以根据客户业务的情况指定默认的显示地图。

2. 放大

两种方法可以放大地图，点击工具条上的放大按钮 ⊕ ，进入地图放大操作状态。

方法一：在地图上选定位置单击鼠标左键，将以选定位置为中心按两倍比率放大地图。

方法二：在地图上选定位置按住鼠标左键拖出一个红色操作框，放开鼠标左键，将选定范围放大至整个地图显示框。

3. 缩小

两种方法可以缩小地图，点击工具条上的缩小按钮 ⊖ ，进入地图缩小操作状态。

方法一：在地图上选定位置单击鼠标左键，将以选定位置为中心按两倍比率缩小地图。

方法二：在地图上选定位置按住鼠标左键拖出一个红色操作框，放开鼠标左键，将选定的范围缩小。

4. 漫游

漫游又称地图平移，当希望查看地图显示框中未显示的部分时可以点击工具条上的漫游按钮，在地图上按住鼠标左键，拖动鼠标，地图即跟随鼠标移动到适当的位置，放开鼠标左键，一次漫游操作完成。

5. 测距

点击工具条上的测距按钮，在地图上测量点 A 单击鼠标左键然后拖动鼠标，到测量点 B 再次单击鼠标左键，在测量点 A 和测量点 B 之间显示一条红色直线，则测量点 A 和测量点 B 之间的实际地理距离信息显示在地图下方的定位信息栏中。同样操作可测量任意几点间的实际地理距离。取消测距操作可按 ESC 键或再一次单击工具栏上的指针按钮。

6. 指针

单击指针 按钮，结束放大、缩小、漫游等操作，恢复鼠标为定位操作。

7. 全图

点击工具条上的全图按钮 ⊕，将当前显示的地图，以全图方式显示在地图显示框中。

4.1.3 车辆数据

1. 车辆数据查询

当以某一用户名登录中国冷链 GPS 系统时，选择"车辆数据"菜单后可查看该用户所管辖的车辆及其详细信息：

车辆列表下拉框中显示出车辆列表信息。

点击"小眼睛"—查看图标 👁，可以查看单辆或者全部车辆详细信息，此时地上当前车辆所在的地理位置会显示出车辆图标，并能显示出车辆行驶经过的最近的 5 个定位点（即时轨迹）。车辆的图标根据车辆的类型有所区分，如普通货运车辆、冷藏车辆、轿车等。当鼠标移动到图标上时可显示出车辆的详细信息，包括车辆资料、车辆位置信息、速度信息、状态信息、冷藏车温度、载重情况等其他信息。

定位信息栏显示出车辆当前定位信息（包括经度、纬度、速度、方向等）及车辆状态信息。

当选中定位信息栏中车辆信息左边的小框时，可以锁定车辆，实施锁定后系统会根据车载终端上报的信息，实时刷新当前显示，以便用户查看当前车辆运行情况。

2. 车辆调度管理

1) 一般操作

🔊点名呼叫 实时查询车辆位置信息并显示。

📳停止报警 当车辆出现报警情况时，可远程停止报警。

2) 温控、速控

🔲限速 限制车辆速度，当车速超过设定的数值时，系统就出现报警信息。

🔲温控 限制车辆温度，当温度不符合设定的温度区间时，系统就出现报警信息。

3) 车辆授权

集团用户可以把车辆授权给其他公司，供其查看车辆信息，查看数据时间范围：

授权开始日期至取消授权的时间段内的数据，被授权公司可以查看车辆历史轨迹、数据统计及车辆实时数据，如图 4-4 所示。

图 4-4　车辆授权

操作说明：车辆授权列表为已授权公司，授权公司为可以授权的公司列表，可以根据公司名称进行模糊查询，选择公司，点击【确认授权】按钮，进行授权操作。

选择授权列表中的车辆，点击【取消授权】，此时车辆在公司的联盟车辆中可以看到，但不能查看超过取消授权日期的数据。

选择授权列表中的车辆，点击【删除授权】，删除车辆的授权信息，此时车辆在公司的联盟车辆中就看不到。

(4) 取消授权操作界面如图 4-5 所示。

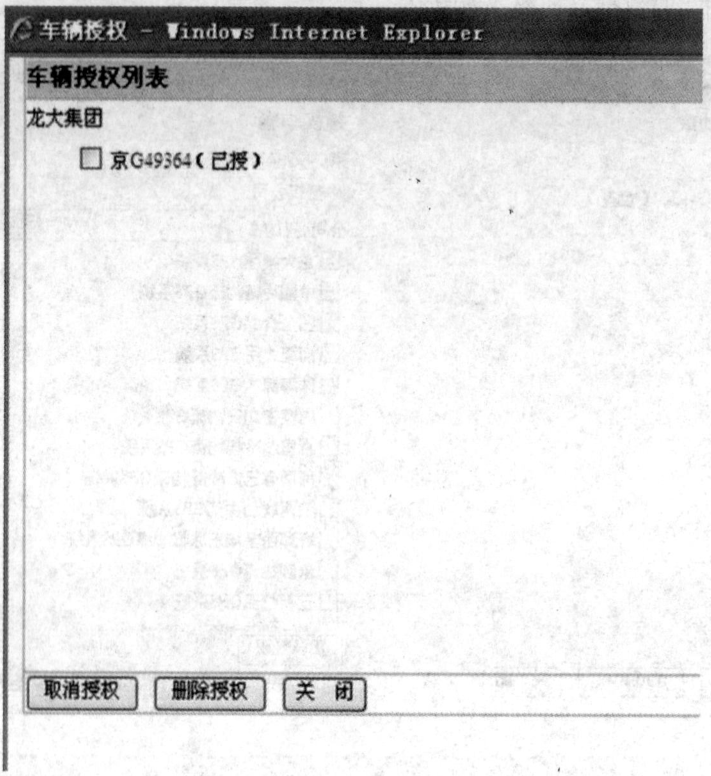

图 4-5 取消授权

4.1.4 历史轨迹

可方便地查询任意时间段内的车辆行驶轨迹。在车辆列表下拉框中选中要查询历史轨迹的车辆，然后选择起止时间段和轨迹数量，点击查询按钮开始查询。查询出的轨迹信息以轨迹点的列表方式显示给用户，轨迹点按时间顺序排列，并按不同车辆分组。点击列表中的某一项，会在地图上加亮显示该轨迹点。用户可以通过选择各轨迹点查询车辆行驶情况，也可以动态回放以重现车辆运行过程。具体查询选择参考图 4-6。

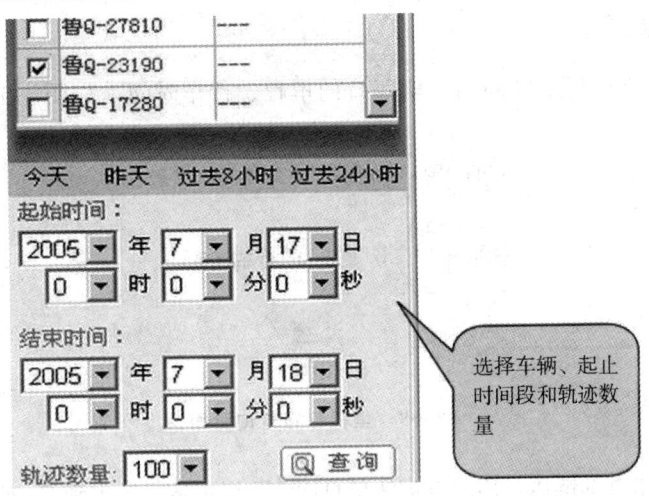

图 4-6　历史轨迹选择

4.1.5　数据统计

1. 车队统计

功能描述：查询指定区间内车辆的里程、行车时间、平均速度、冷机开关、超速报警、温度报警、油费、路桥费等信息，如图 4-7 所示。

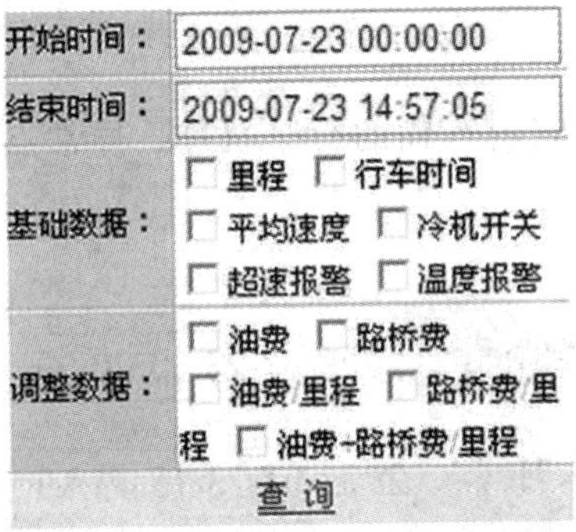

图 4-7　车队统计页面

选择条件点击查询链接，出现查询清单页面，此时用户可以输入此时间段内的油费、路桥费信息，点击保存即可，同时可以把数据导出到 Excel 中，如图图 4-8 所示。

>> 车队统计　查询日期：2009-07-23 00:00:00到2009-07-23 14:57:05　保存　导出报表数据

车牌号	总里程(km)	行车时间(分钟)	平均速度(km/h)	冷机开关(分钟)	超速报警	温度报警	油费	路桥费	油费/里程	路桥费/里程	(油费+路桥费)/里程
赞F13135	0	792	0	0	0	0	0	0	0	0	0
赞F13516	0	114	0	0	0	0	0	0	0	0	0
赞F13826	0	0	0	0	0	0	0	0	0	0	0

记录总数：3条　当前第 1 页，共 1 页　首页 | 上一页 | 下一页 | 尾页

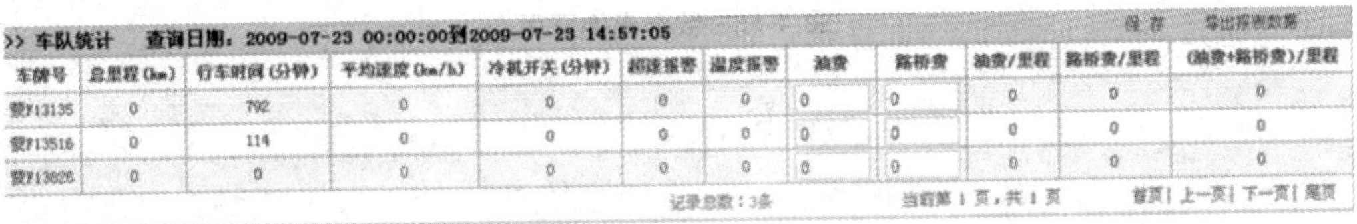

图 4-8　车队统计结果列表

2. 里程日报

功能描述：查询指定区间内车辆每日的里程、行车时间，如图 4-9 所示。

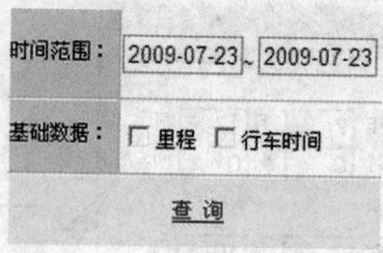

图 4-9 里程日报查询页面

选择条件点击查询链接，出现查询清单页面，可以把数据导出到 Excel 中，如图 4-10 所示。

>> 按车牌号码统计里程(km)、行车时间(分钟)数据 查询日期：2009-01-1到2009-01-3								导出以下所有轨迹	
车牌号	2009-01-01		2009-01-02		2009-01-03		合计		
	里程(km)	行车时间(分钟)	里程(km)	行车时间(分钟)	里程(km)	行车时间(分钟)	里程(km)	行车时间(分钟)	
京G44187	0	3279	0	4512	0	735	0	8526	
京G46330	0	3951	0	54	0	5652	0	9657	

记录总数：2条

图 4-10 里程查询结果列表

3. 数据查询

功能描述：查询指定区间内车辆的行车轨迹、异常点、速度曲线、温度曲线，如图 4-11 所示。

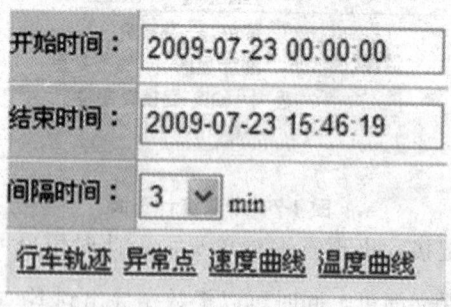

图 4-11 数据查询页面

(1) 行车轨迹，参考图 4-12。

图 4-12　行车轨迹查询结果

(2) 异常点，参考图 4-13。

图 4-13　行车异常点查询结果

(3) 速度曲线，参考图 4-14。

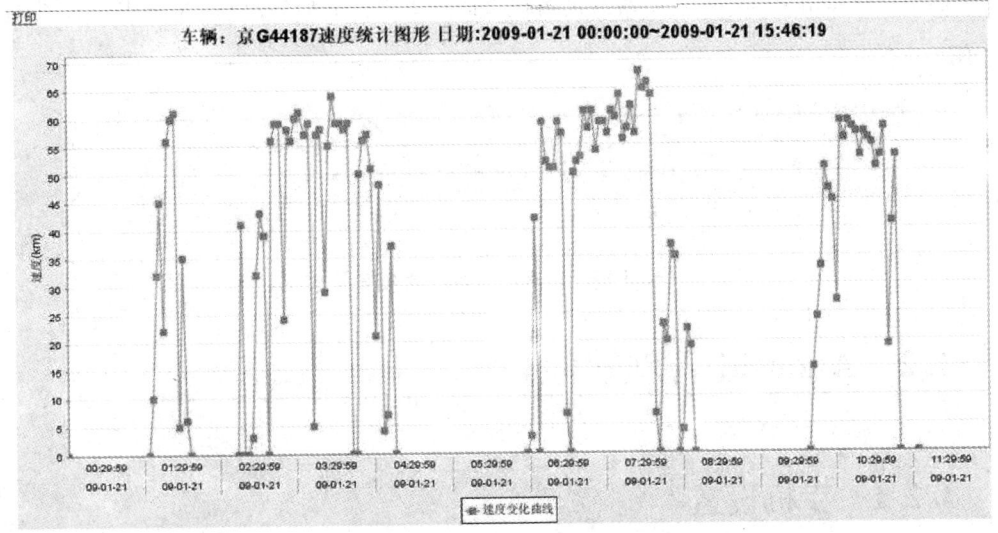

图 4-14　行车速度变化统计

(4)温度曲线,参考图 4-15。

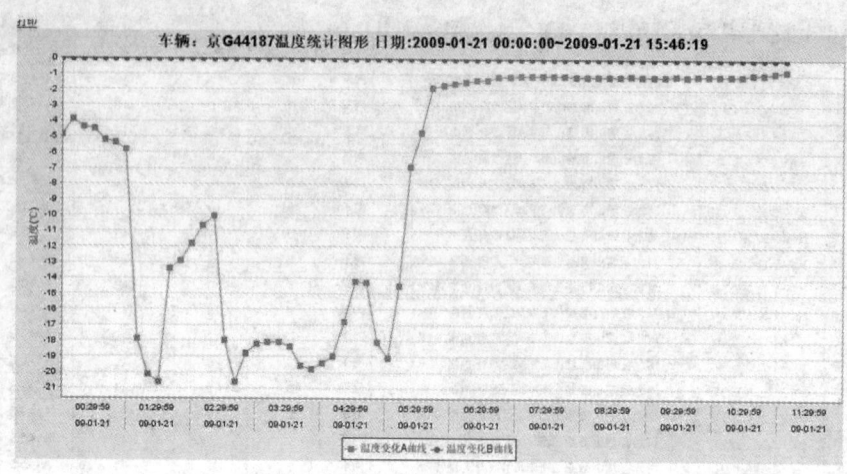

图 4-15　车辆温度变化统计

4. 异常车辆

功能描述:查询指定区间内,异常类型为超时、定位异常、报警的车辆信息,如图 4-16 所示。

图 4-16　异常车辆查询页面

选择条件点击查询链接,出现查询清单页面,可以把数据导出到 Excel 中,如图 4-17 所示。

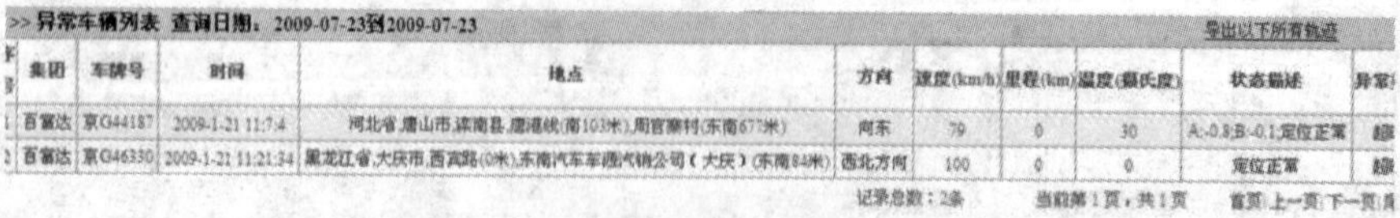

图 4-17　异常车辆超时查询结果

4.2　Android 管理软件

4.2.1　手机设置

开启 3G 数据。

点击手机菜单中的 ，界面如图 4-18 所示。

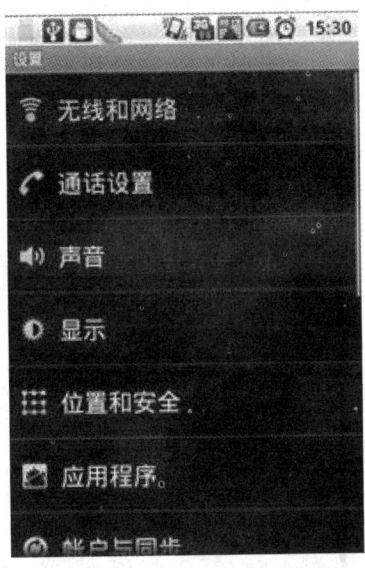

图 4-18　Android 管理软件设置按键

点击 无线和网络，设置手机上网模式，界面如图 4-19 所示。

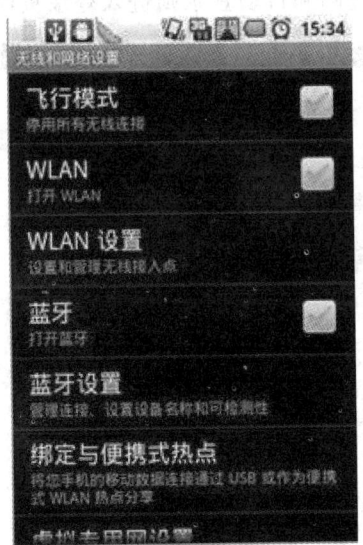

图 4-19　设置上网模式

滚动界面，点击最下方的 移动网络，选择已启用数据，界面如下介绍。

4.2.2 登录系统

点击手机中的 图标,启动软件如图 4-20 所示。

图 4-20　冷链监控移动终端界面

如果之前没有设定记住密码和自动登录则进入登录页面如图 4-21 所示。

图 4-21　温湿度监控终端登录界面

可根据个人需要决定是否勾选"记住密码"和"自动登录选项",输入用户名和密码点击用户登录按钮进入主界面。

如果之前有勾选记住密码和自动登录，则跳过登录页面，直接进入主界面。

主页面如图 4-22 所示。

图 4-22　冷链监控移动终端主页面

点击首页上六个图片按钮可以分别进入设备列表、监控设备列表、未监控设备列表、今日报警列表、温度报警列表、电量报警列表、每个列表见下文介绍。

4.2.3　设备信息

选择导航条上的 设备按钮可进入设备信息表查看信息，如图 4-23 所示。

图 4-23　冷链监控移动终端设备信息

首先进入"选择组织结构"页，选择要查询设备所对应的组织，选中后点击"确定"即可显示对应的设备列表，如图4-24所示。

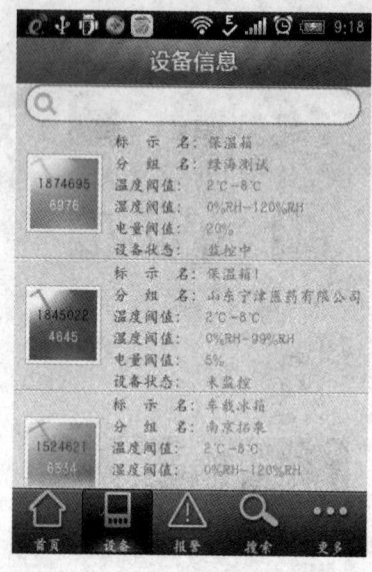

图4-24 设备列表

在设备信息点击你需要的设备，详细信息如下：参数、温控数据、温度报警、湿度报警。

1. 参数（图4-25）

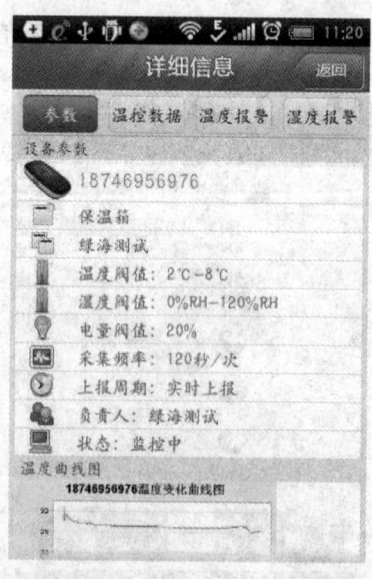

图4-25 设备列表参数界面

2. 温控数据（图 4-26）

图 4-26　设备列表温控数据

3. 温度报警（图 4-27）

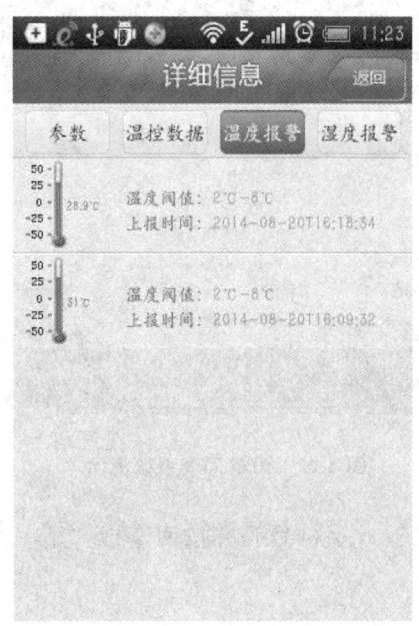

图 4-27　设备列表温度报警

4. 湿度报警（图 4-28）

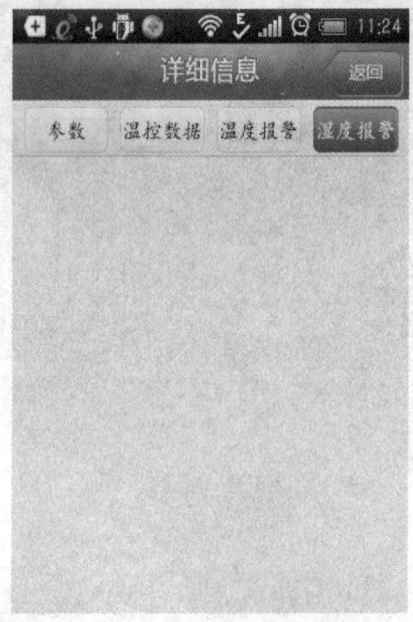

图 4-28　设备列表湿度报警

长按设备列表项，弹出操作对话框，如图 4-29。

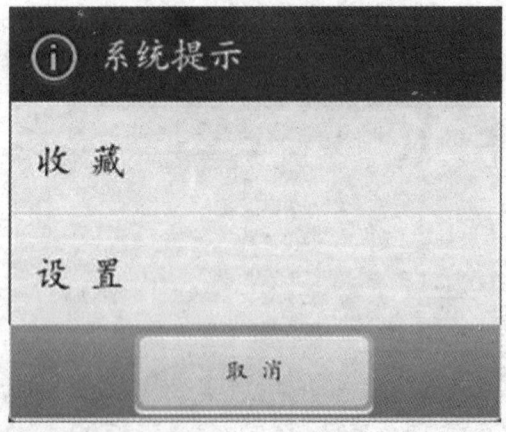

图 4-29　设备列表系统提示

也可在页顶的查询框内输入手机号码并按回车或"下一步"键查询指定的设备，如图 4-30。

项目 4　冷链物流信息系统

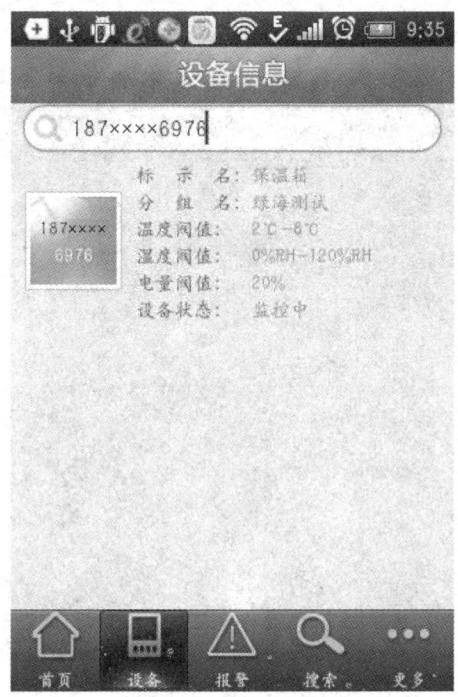

图 4-30　设备列表查询

在设备信息选中你需要的设备,长按列表项显示如图 4-31。

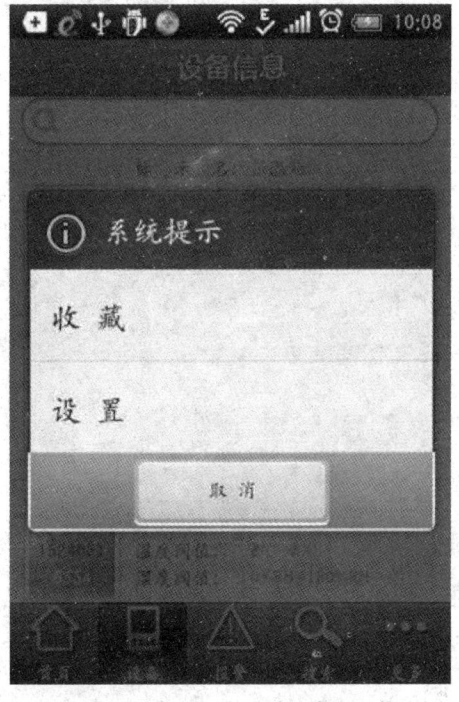

图 4-31　设备列表系统提示

· 153 ·

■ 冷链物流实验实训

单击设置选项，进入设备参数设置页面，如图 4-32、图 4-33。

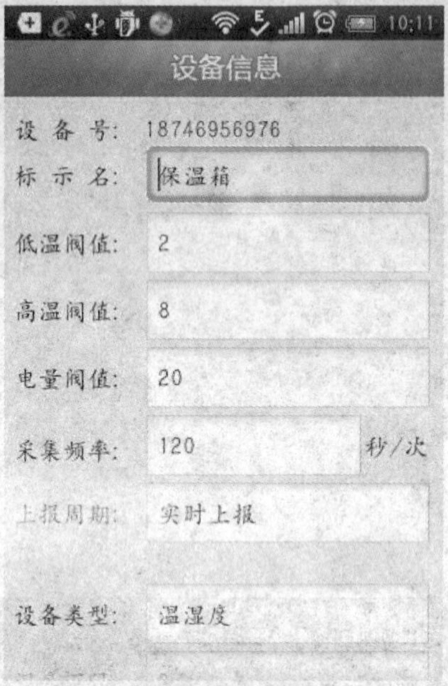

图 4-32　设备参数设置（一）

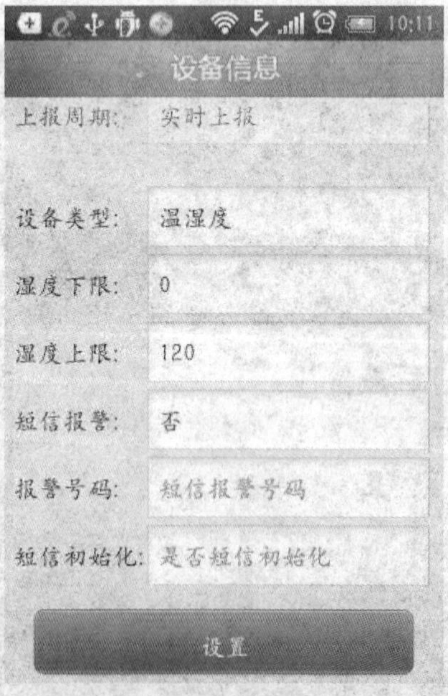

图 4-33　设备参数设置（二）

注意：根据你的需求设置相关参数。

在这个页面选择收藏，按手机上的返回按钮可以返回刚才的设备列表，如图 4-34。

项目 4　冷链物流信息系统

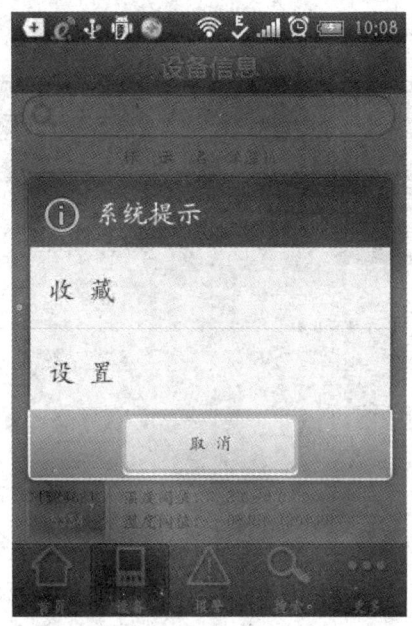

图 4-34　设备列表系统提示

选择收藏则可以把该设备信息保存到本地,您可以通过点击导航条的更多
按钮进入更多列表,如图 4-35。

图 4-35　更多选项列表

选择我的收藏，在设备查询里可以看到您收藏的项目，如图 4-36。

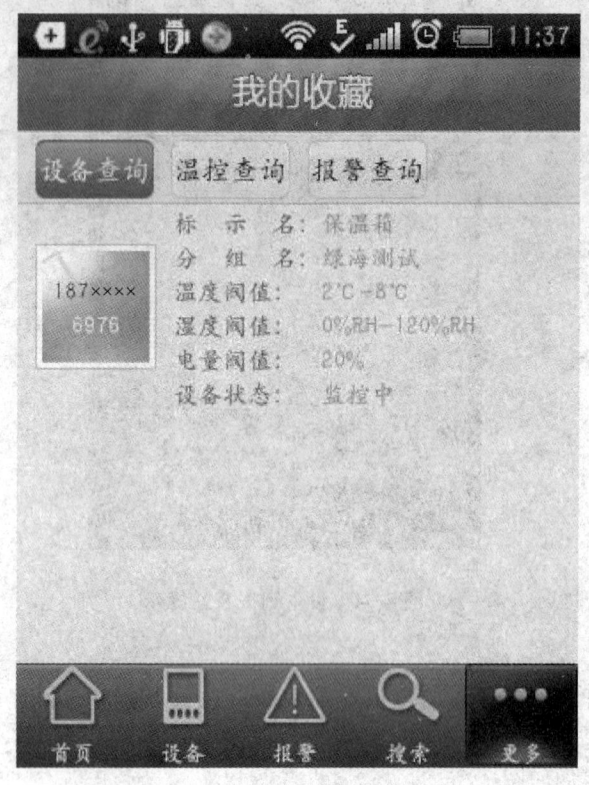

图 4-36 我的收藏信息

手机上的返回按钮可以返回到刚才的设备列表。

4.2.4 报警信息

单击导航条的报警按钮 进入报警信息列表查看。

可通过页顶的"未处理""温度报警""温度报警""电量报警"来切换不同的报警信息。

项目 4 冷链物流信息系统

1. 未处理

报警信息未处理界面，如图 4-37 所示。

图 4-37 报警信息未处理

2. 温度报警

温度报警界面，如图 4-38 所示。

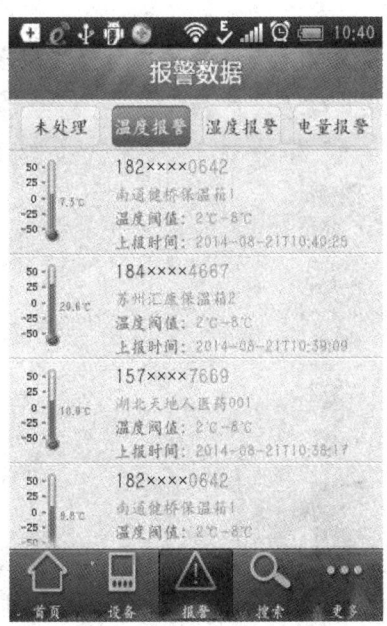

图 4-38 报警信息温度报警

3. 湿度报警

湿度报警界面如图 4-39 所示。

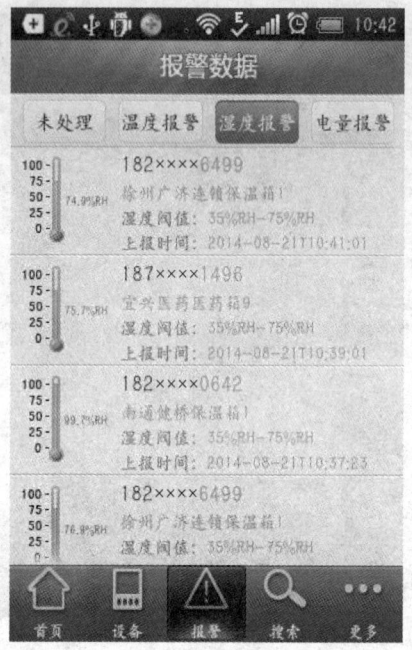

图 4-39 报警信息湿度报警

4. 电量报警

电量报警界面如图 4-40 所示。

图 4-40 报警信息电量报警

长按任一行弹出"系统提示"可以进行"收藏"操作,形式同设备信息的收藏。在未处理列表里长按任一行弹出"系统提示"还可以进行"处理"操作,如图 4-41 所示。

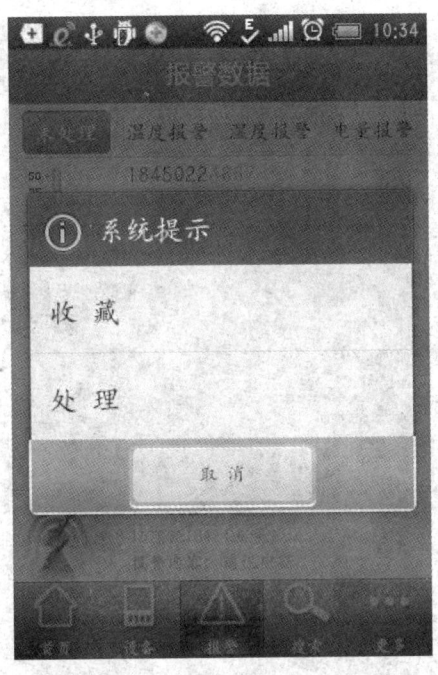

图 4-41 报警信息系统提示

选择处理选项进入处理页面(图 4-42)。

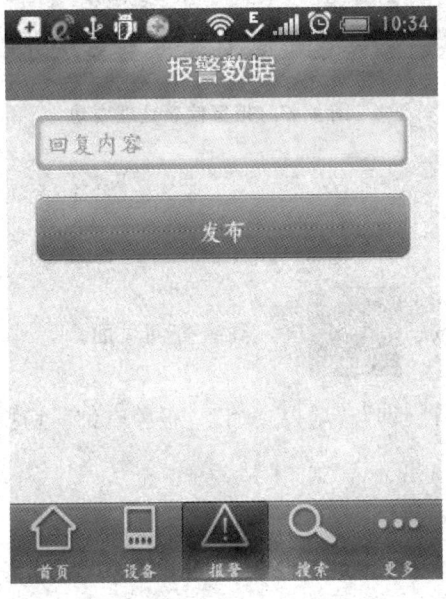

图 4-42 报警信息处理页面

设置回复内容后点击发布按钮，处理未处理信息。按手机上的返回按钮可以返回到之前的报警列表，如图 4-43 所示。

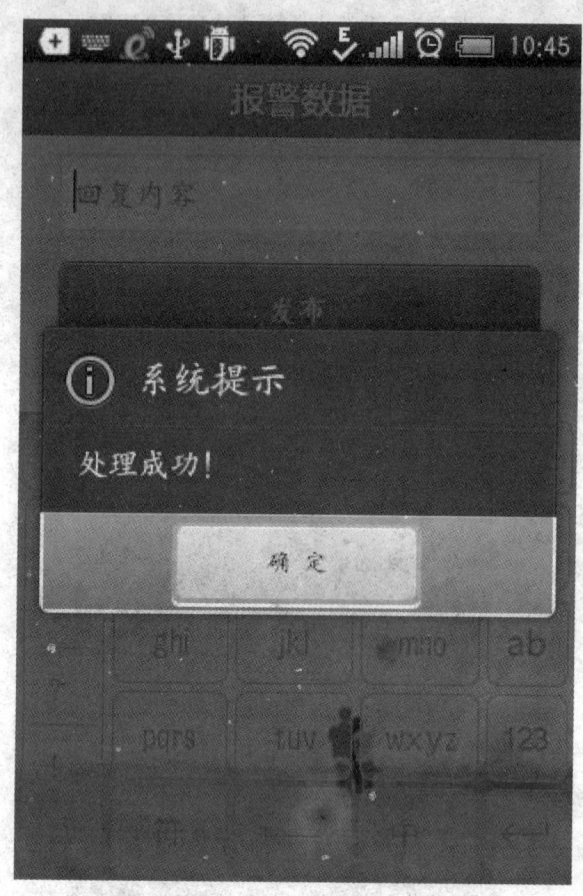

图 4-43　报警信息处理成功

4.2.5　搜索

点击导航条的搜索按钮  进入高级查询页面。

可通过页顶的"设备查询""温控查询""报警查询"切换不同的查询信息。

1. 设备查询

设备查询界面，如图 4-44。

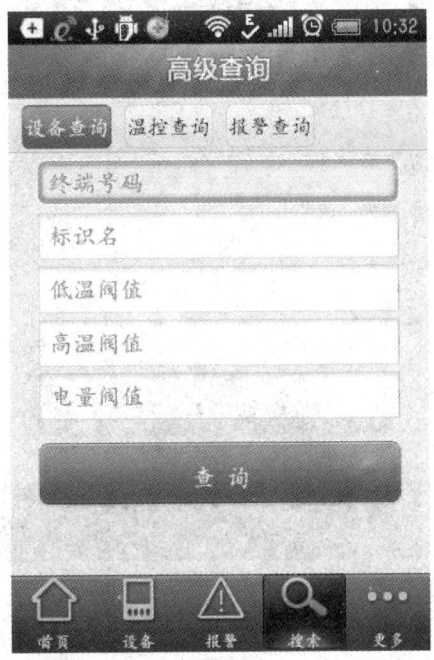

图 4-44　设备查询

注意：输入终端号码具有"联想功能"，如图 4-45 所示。

图 4-45　输入终端号码

■ 冷链物流实验实训

可以根据查询条件进行精确查询,如图 4-46。

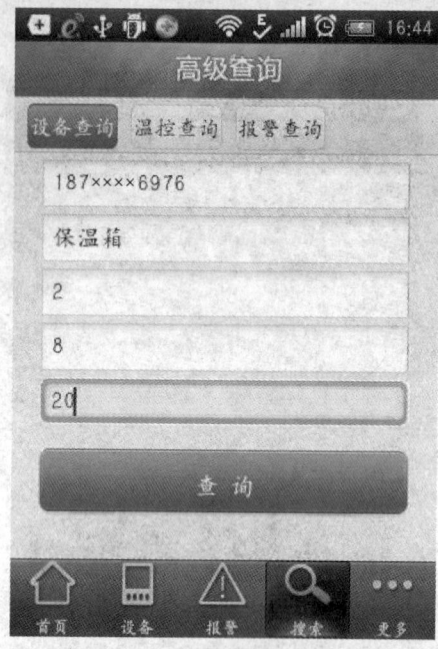

图 4-46 输入电量阀值

2. 温控查询

温控查询界面如图 4-47。

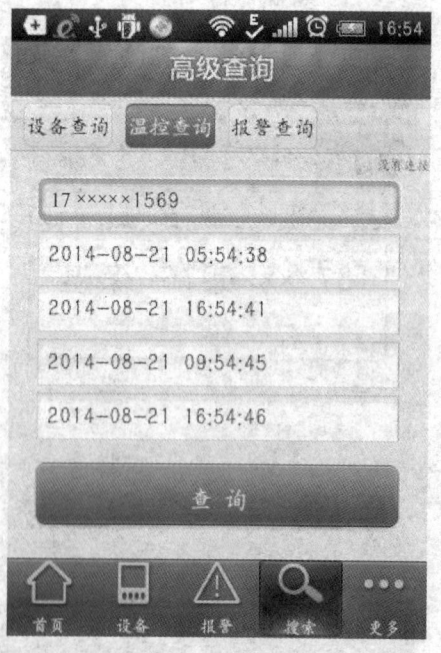

图 4-47 设备查询界面

查询显示信息如图 4-48 所示。

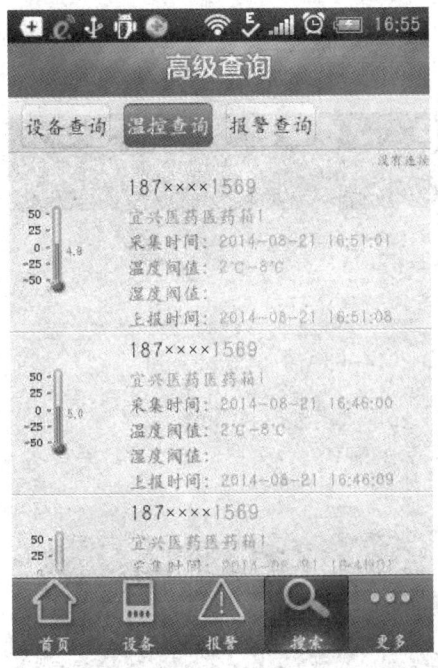

图 4-48　查询信息

注意：长按设备列表项，弹出操作对话框，如图 4-49 所示（收藏、打印或是打印时间间隔）。

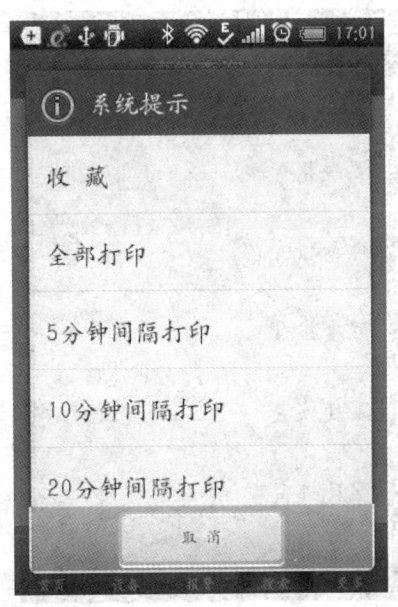

图 4-49　系统提示

注意可以打印信息（需要使用蓝牙连接设备打印机即可）。

3. 报警查询

报警查询界面如图 4-50。

图 4-50　报警查询

选择你所需要的报警类型，如图 4-51 和图 4-52 所示。

图 4-51　报警类型

项目4 冷链物流信息系统

图 4-52 报警类型显示

4.2.6 更多

单击导航条的更多 按钮，进入更多操作列表，如图 4-53 与图 4-54 所示。

图 4-53 更多操作列表（一）

· 165 ·

■ 冷链物流实验实训

图 4-54　更多操作列表（二）

1. 温控数据

点击"温控数据"进入温控数据列表，如图 4-55 和图 4-56 所示。

图 4-55　温控数据列表选项

项目 4　冷链物流信息系统

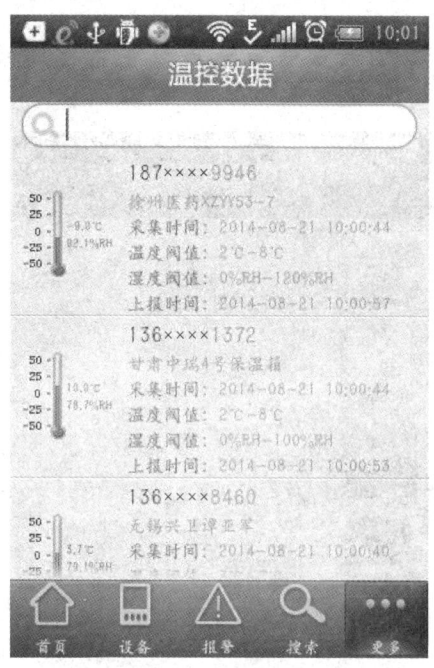

图 4-56　温控数据列表

可在页顶的查询框内输入手机号码并按回车或"下一步"键查询指定的温控数据。长按列表项，弹出操作对话框，如图 4-57。

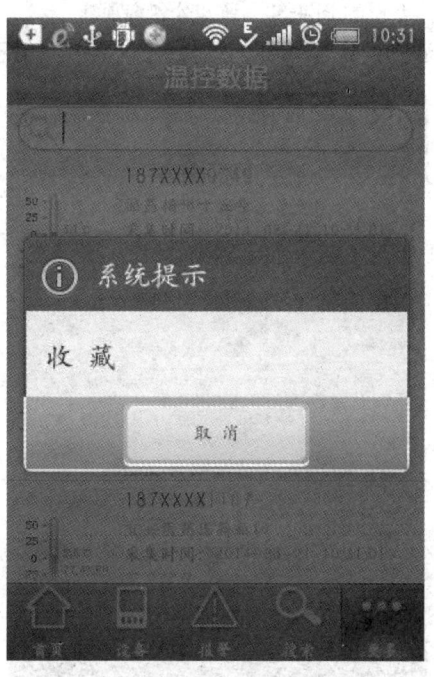

图 4-57　温控数据列表选项系统提示

点击收藏把该信息保存到本地，可以在"我的收藏"里查到收藏的信息。

2. 通知公告

通知公告选项如图 4-58 所示。

图 4-58 通知公告选项

"更多"列表里点击"通知公告",进入通知公告列表查看信息,如图 4-59。

图 4-59 通知公告列表信息

单击任一行进入详细信息查看，如图 4-60。

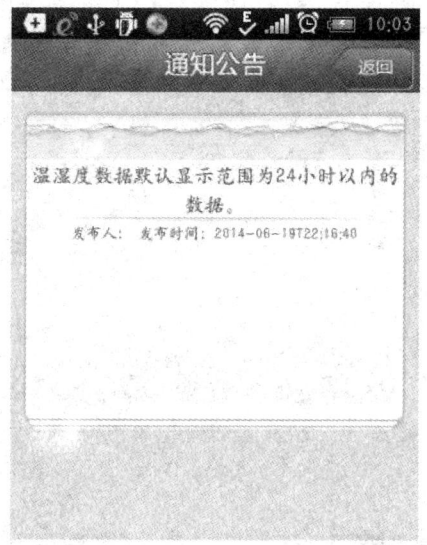

图 4-60　通知公告列表详细信息

按 返回 或手机"返回"按钮返回通知公告列表。

3. 修改密码

修改密码选项界面如图 4-61。

图 4-61　修改密码选项

点击更多列表里的"修改密码",进行密码修改,如图4-62。

图 4-62　密码修改

设置好后点击"修改密码"按钮提交,可以按手机返回键返回更多列表。

4. 登录设置

登录设置选项如图4-63。

图 4-63　登录设置选项

项目 4　冷链物流信息系统

"更多"列表选择"登录设置"可以重新设置登录信息，如图 4-64。

图 4-64　登录设置

可以按手机返回键返回更多列表。

5．我的收藏

我的收藏选项，如图 4-65。

图 4-65　我的收藏选项

"更多"列表选择"我的收藏"可以查看收藏的信息。

可通过页顶的"设备查询""温控查询""温控查询"切换不同的收藏信息。

1) 设备查询

设备查询界面如图4-66。

图 4-66　设备查询

2) 温控查询

温控查询界面如图4-67。

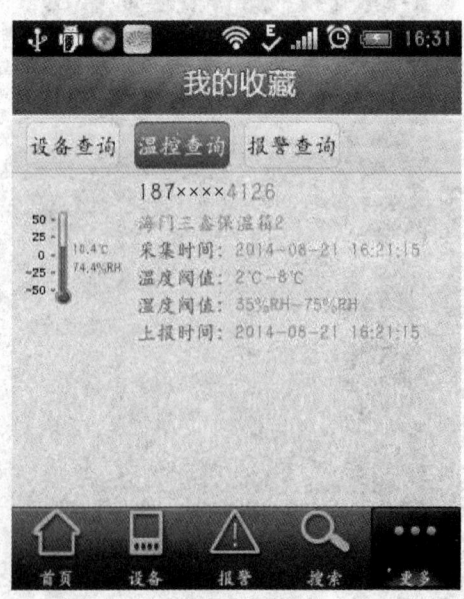

图 4-67　温控查询

3）报警查询

报警查询界面如图 4-68。

图 4-68　报警查询

长按任一行可以删除收藏，如图 4-69 所示。

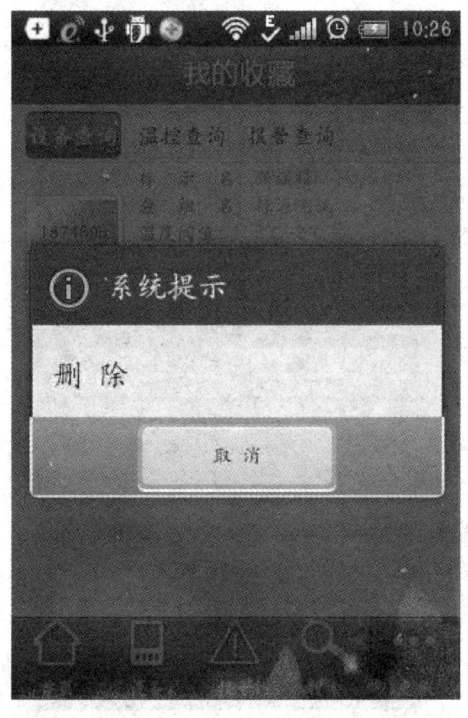

图 4-69　删除收藏

4.2.7 注销登录

注销登录选项如图 4-70 所示。

图 4-70 注销登录选项

更多列表单击"注销登录"可以退出程序,如图 4-71 所示。

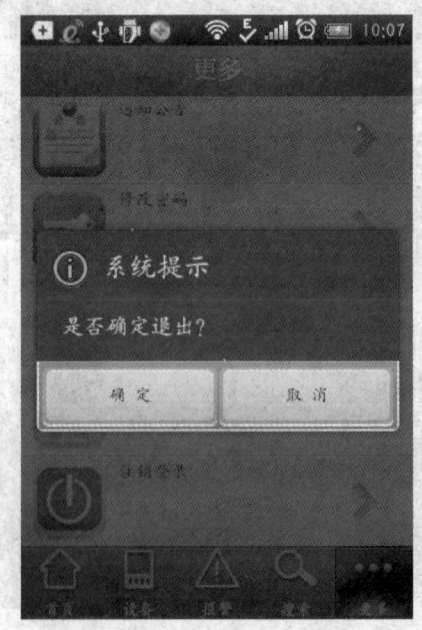

图 4-71 退出程序

项目5　冷链物流人员防护

5.1　冷库使用应急处理

1. 冷库的正确使用方法

（1）需要进入冷库的人员先请冷库管理员打开房门，进入冷库前首先应打开照明灯和风幕机，并在门上放置"库内有人"标示牌，进入冷库后随手关门，以防止外界空气进入导致冷库温度的升高，从而增加制冷机组的负担。

（2）进入冷库后，应尽量减少在冷库的时间，防止人员感冒和冷库温度的过度升高。

（3）进入冷库的相关人员，在出冷库前必须检查冷库内有无其他人员，以免发生人员被困冷库内的情况出现，在确定无其他人员的情况下方可关上冷库门，关掉照明灯和风幕机并请冷库管理员上锁和收回标示牌。

（4）设备维修人员在进行设备维修时，在正在维修的冷库控制柜和库房门口必须有明显的警示标志；以防其他非相关人员进行操作，因而造成危害设备维修人员安全的情况出现。

（5）冷库管理员负责对冷库的相关设备进行定期查看，按要求每天上下班分别对冷库的温度进行记录，如发现数据异常，要及时上报给设备维修人员，以保证在最短的时间内解决问题，不影响其正常使用。

2. 预防措施

（1）人员进入冷库前，务必将"冷库有人　请勿关门"的提示牌翻至正面向上，挂在门框上。

（2）人员进入冷库前，应按照要求穿好防护衣、戴好防冻手套。

（3）人员离开冷库时，一定要大声询问：冷库内是否有人。在确认无人的情况下方可锁门。库内人员在听到他人询问时,应及时回答。

3. 应急措施和操作方法

(1) 发现冷库被锁上之后,不要惊慌,首先尝试手机联系外界,若信号过低无法联系,立即借助手机光源寻找"安全开关"(门把手上方),根据现场提示操作。

(2) 将"安全开关"向上抬起,再向下扳动,用力拉动冷库门即可打开。

(3) 门把手处的安全开关,用力向外推,即可打开;当库内风机开启时会产生一定压力,用力推即可,如推不开不要慌张,可等待风机停止工作后操作安全开关。

(4) 门把手处有安全拉环,将安全拉环拉出,用力拉动冷库门即可打开。

(5) 若安全开关打不开,立即摁动门一侧的"应急按钮",发出警报,等待救援。

(6) 等待救援过程中,被困人员要积极展开自救。

4. 自救要点

(1) 要镇定,保持注意力集中。

(2) 在温度低于0℃环境下,冻疮和体温过低症状很快就会出现,要注意保护好四肢。

(3) 用纸板、塑料袋或其他物品保持身体躯干的温度。

(4) 身体约40%的热量会从头部流失,一定要采取措施把头裹住。

(5) 切记不要用裸露的双手或身体表面接触冷冻过的金属。

(6) 要避免流汗,过多的流汗会加快体温过低的症状出现。

(7) 切记不可燃烧物品取暖,会产生有毒气体和缺氧,导致窒息。

(8) 可通过拍门、呼叫等方式积极寻求援助。

(9) 切记不要毁坏、切断铜管,泄露的氟利昂会导致窒息。

项目6 冷链物流操作实训

6.1 草莓冷链物流操作实验

草莓作为易腐食品中的一种，储存温度对其营养价值的影响非常大。一般情况下，果蔬中的维生素 C 在采收后会迅速流失，且损失的程度随着储存时间的推移和储存温度的升高而加剧。如草莓在 1℃ 的环境中，其维生素 C 的含量在 8 天内流失 20%～30%；在 10℃ 的情况下，维生素 C 的流失约为 30%～50%；而在 20℃ 的环境下，4 天之内就会流失多达 55%～70% 的维生素 C。因此，草莓的适宜储存环境为 0℃～4℃。

图 6-1 为草莓的全程冷链流程图，由图可知草莓全程冷链流程的环节及各个环节的适宜温度。

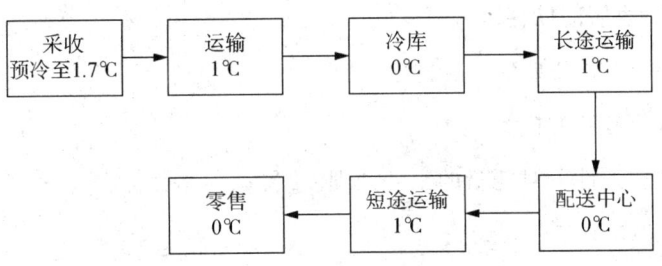

图 6-1 草莓的全程冷链流程

1. 实验背景

尽管冷链的最终目的是保证在供应链的各个环节始终能安全、持续地提供所要求的食品质量，但是，最近的研究报告表明冷链并没有完全达到这个目的，冷链的管理仍存在很大问题。如 2007 年，美国农业部（USDA）和食品及药品管理局（FDA）发出了 160 多次食品安全警告和召回通告。美国每年平均发生 7600 多万例因食物问题引起的疾病，导致 32.5 万人住院，5000 人死亡。此外，一项针对美国 1500 名食品消费者的调查研究表明，消费者认为亟待改进的方面中前三项是：食品安全、食品卫生和异味、易腐食品货架期。80%的病例是由于个人卫生及冷链的不恰当运营引起的，98%的病例如果采用安全操作措施则是可以预防的。因此，做好冷链的管理显得尤为重要。

2. 实验流程

在实验开始前，准备好五托盘刚从果园收获的草莓，分别标记为 P1、P2、P3、P4 和 P5。

1）预冷处理

对 P1，使用最好的处理方式，也就是收获之后立即预冷到 1.7℃，没有任何延迟。

对 P2，在收货后延迟 4h，对其预冷至 1.7℃。

对 P3，收获之后立即预冷到 10℃，没有任何延迟。

对 P4，收货后延迟 4h，对其预冷至 10℃。

对 P5，不做任何预冷处理，而且在运输之前没有冷藏。

2）草莓在农场的冷藏

对 P1、P2、P3 和 P4 的草莓在 0℃下储存 1~2 天，而对 P5 不做冷藏处理。

3）草莓的运输

将这五托盘草莓在 1.1℃下运输 4 天，到达目的零售店。

4）在目的零售店的储存

在目的零售店 0℃下储存一夜。

5）冷藏/零售储存的模拟

在最好的处理条件下对托盘的三种处理方式：

方式一，在 0℃下储存 3 天。

方式二，在 7℃下储存 3 天。

方式三，在 20℃下储存 3 天。

6）对家庭储存的模拟

在最好处理条件下对托盘的两种处理方式：

方式一，在 0℃下储存 2 天。

方式二，在 7.2℃下储存 2 天。

3. 实验结果

实验发现，在不同处理方式下的草莓的水分损失情况有很大的区别。这些草莓自采摘到运输到目的地的平均失水率如表6-1所示。

表6-1 草莓自采摘到目的的零售店后的平均失水率表

序号	实验托盘	到目的地平均失水率（%）
1	P1：最优的处理方案	
2	P2：延迟，但是预冷至最佳温度	
3	P3：没有延迟，但未预冷至最佳温度	
4	P4：延迟，未预冷至最佳温度	
5	P5：没有预冷	

在目的零售店以 0℃ 的温度对草莓冷藏一夜后，分别对其做零售及家庭储存的模拟，模拟结果填写表 6-2 和表 6-3。

表6-2 零售储存模拟第二天的结果

托盘	0℃		7.2℃		20℃	
	失水率（%）	不可出售率（%）	失水率（%）	不可出售率（%）	失水率（%）	不可出售率（%）
P1						
P2						
P3						
P4						
P5						

表6-3 家庭储存模拟的第二天的结果

零售储存温度	0℃				7.2℃			
家庭储存	冷藏室		房间		冷藏室		房间	
托盘	失水率（%）	不可出售率（%）	失水率（%）	不可出售率（%）	失水率（%）	不可出售率（%）	失水率（%）	不可出售率（%）
P1								
P2								
P3								
P4								
P5								

4. 实验总结

当草莓被采收后，如果延迟几个小时对其进行冷却，它们的货架期就会迅速缩短，所以在采收后对产品迅速进行冷却是冷链中相当重要的环节。在恰当的时间将草莓的温度降到合适的温度,使其达到一个适宜的冷链起始温度,然后再将其装载运输、冷藏或零售。同时预冷也是维持产品质量最重要的因素。

6.2 基于 HACCP 的食品冷链物流管理

HACCP 在我国主要运用在水产品、肉类、罐头及冷冻品的生产中,而在运输和流通环节的应用较少,导致生鲜食品的质量没有保证。然而生鲜食品不同于非易腐性商品,其品质保证来源于供应链整体,其中任何一个环节处理不当,将直接影响食品品质安全。因此,将 HACCP 体系应用于生鲜食品的流通领域,应得到足够重视。

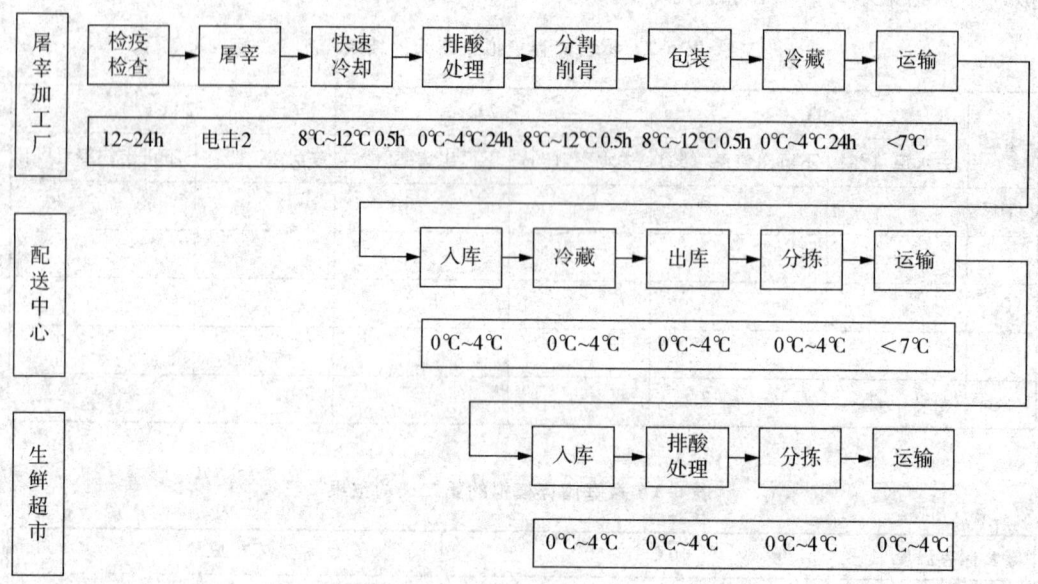

图 6-2 冷鲜肉物流渠道

1. HACCP 原理

HACCP 管理体系是在生产过程中,对原材料、生产工序以及影响产品安全的人为因素进行分析,找出潜在危害并确定关键控制环节,建立并完善监控程序和监控标准,采取规范的纠正措施,将可能发生的食品安全危害消除在生产过程中。将 HACCP 提出的预防性思维应用在食品流通过程中,从物流的过程入手来分析食品物流中可能对食品安全构成威胁的危害,并对关键点予以控制,在危害发生前采取相应的措施以减少危害带来的损失,而不仅仅通过最终的检验来保证食品安全。

2. 危害分析

根据物流的基本职能现将冷链物流分为以下几个作业环节：采购验收、装卸搬运、运输、配送、储存、分拣。从生物性、化学性、物理性 3 种角度对每个环节中的潜在危害进行分析，结果如表 6-4 所示。实践表明，正确使用 HACCP 危害分析是 HACCP 运用的关键所在。

表 6-4　农产品冷链物流危害分析

作业环节	可能产生的危害
原料验收	原料基地农药污染、水源污染、环境污染的潜在危险； 预冷不及时，导致货物变质； 验货时工作人员疏忽，实际收货量与应收货数量不符
包装	包装设计不合理，导致无法有效地保护农产品； 包装材料或容器本身不达标，可能存在毒性污染、包装印刷物污染
装卸搬运	在装车与卸车时操作不当导致货物损坏； 装卸搬运没有合理计划和调度，导致常温时间过长，农产品变质； 接触过污染危害性货物的装卸设备未经清洗消毒就用来装卸农产品，导致二次污染
运输	同质的易腐农产品集中产生交叉感染； 运输工具不能使装载的食品保持在适当低温，货物发生腐蚀； 运输路线不合理，行车时间长，运输效率低下，在运输时因盗窃、交通事故等导致货物遗失
储存	速冻制冷的速度过慢，导致冰晶破坏农产品组织结构，影响鲜度； 工作人员因疏忽、盗窃等因素导致货物遗失； 储存区温度、湿度、微生物数量没有达到储存标准，导致农产品腐蚀变质； 信息系统不完善，相关物流信息的采集、传输不及时，导致无法及时获得准确的库存信息； 库存控制没有做到单品管理，不能实现先进先出，导致农产品过期变质

续表

作业环节	可能产生的危害
流通加工	温度、湿度、微生物数量没有达到要求标准,导致农产品变质; 流通加工操作不符合规范,导致初加工农产品受损或质量下降
分拣配送	分拣计划和方法不合理,导致无法及时处理; 分拣低温暂存区存储作业设备不合标准,导致农产品质量下降; 配送车辆的温度、储存区温度及其湿度、微生物数量没有达到标准,导致货物变质; 配送管理不善,可能导致配送错误、配送不及时或过早配送
零售	超市低温陈列柜温度、湿度没有达到要求,导致货物变质

3. 关键控制点确定

关键控制点确定是确定食品安全与不安全的临界点,只要所有的关键控制点均控制在安全范围内,食品品质将是安全的。确定关键控制点是 HACCP 的核心,如果 HACCP 确定过多,会增加工作量;HACCP 确定过少将导致影响食品安全的环节未全部识别。因此,企业在建立 HACCP 体系时,在前期策划阶段,应采用科学的方法合理确定 HACCP。

4. HACCP 计划表记录

根据所确定的关键控制点编制 HACCP 实施计划表(表 6-5)。

表 6-5 HACCP 实施计划

关键点	显著危害	关键限值	监控				纠偏措施	记录	验证
			对象	方法	频率	人员			
采购验收	传染病菌,有害菌等	国家相应标准	传染病菌有害菌	检查三证	每批商品	商品验收员	拒收、退货	验收监测记录	每日审核,每周抽检
装卸搬运	细菌繁殖,食品变质、变味	温度和作业时间限制	温度时间作业人员	观察温度,记录时间	每次作业	作业管理人员	调整温度、速度	作业记录	每次作业后审核
运输配送	微生物及化学污染	搬运工具温度控制标准	微生物、化学传染物	采用温度,监控仪器	每批商品	操作人员	及时调整温度更换工具	温度监控记录	区位准确性检测

续表

关键点	显著危害	关键限值	监控				纠偏措施	记录	验证
			对象	方法	频率	人员			
储存	细菌繁殖，价差污染	国家储存标准	细菌储存特性	保持清洁，分区储存	每批商品	仓储人员	及时清洁，分区存放	储存记录	区位准确性检测
分拣	微生物及化学污染	作业操作技术规范	温度，速度，作业人员	观察温度，记录时间	每批商品	分拣人员	调整温度，提高速度	分拣记录	作业后审核
流通加工	清洗用水及挑选不干净造成的污染，微生物繁殖	商品质量规范，拣选技术规范国家标准	商品质量含菌量	肉眼观察，商品检测	每批商品	车间质检员	丢弃不合格产品	质检记录	每日审核，每批抽检

6.3 冷链物流成本核算

冷链物流包括运输、储存、装卸、搬运、包装、加工、配送、信息处理、设备提供、管理外包十大部分，共 25 个环节。从我国物流发展现状看，主要的成本构成还是集中在运输、仓储和管理三大部分。

冷链物流行业农产品价格形成过程如图 6-3 和图 6-4 所示。具体实例如图 6-5 所示。

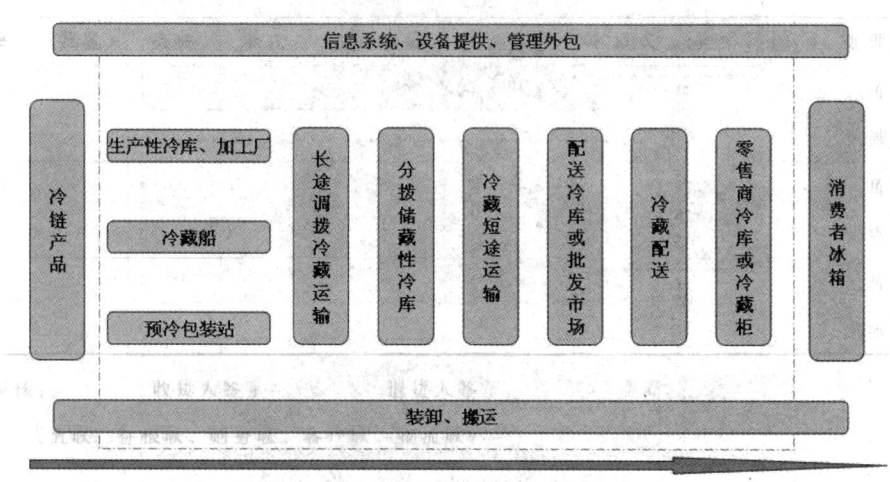

图 6-3 农产品价格形成过程示意图（一）

■ 冷链物流实验实训

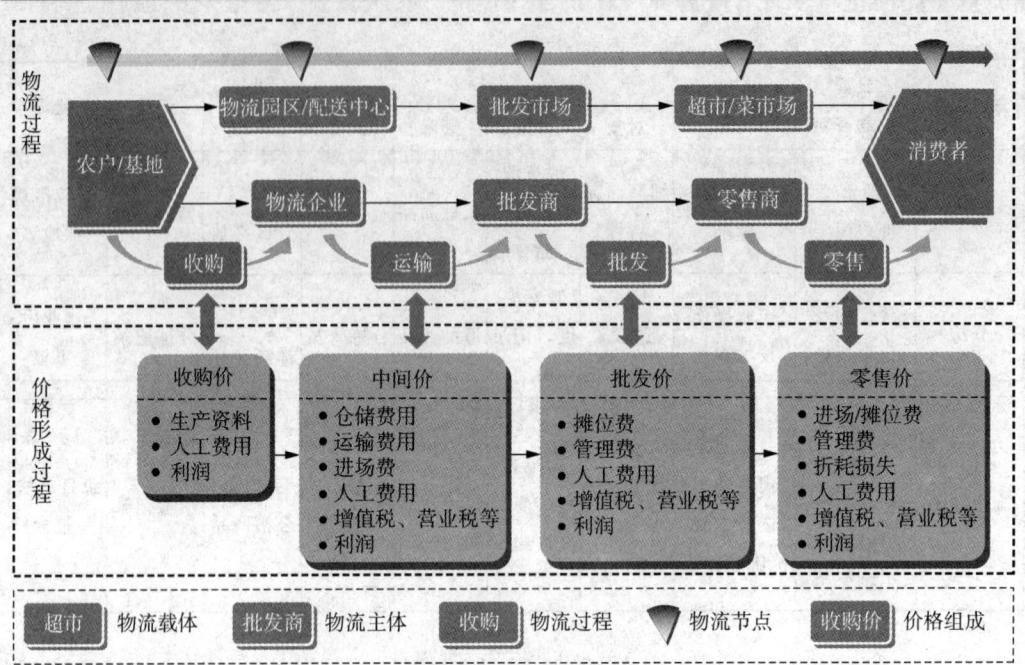

图 6-4 农产品价格形成过程示意图（二）

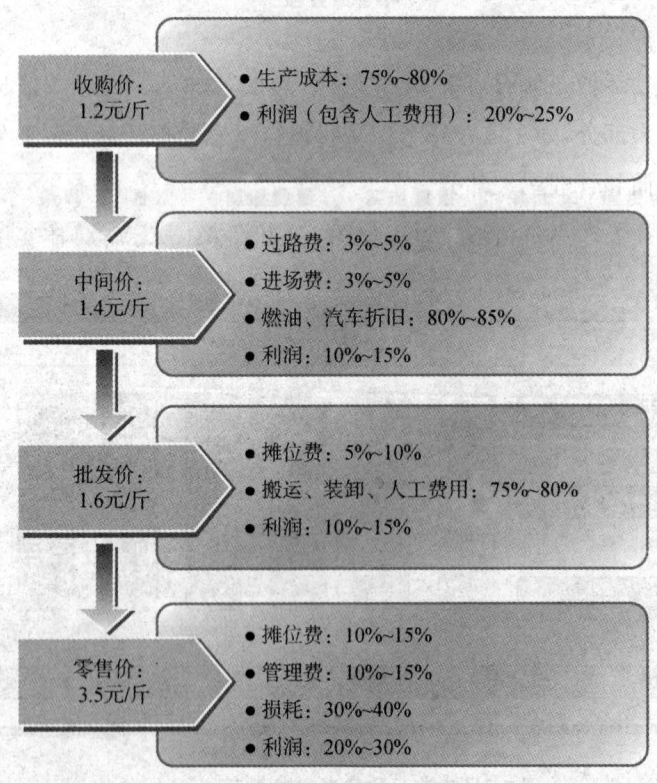

图 6-5 物流过程中价格形成——以上海郊区芥蓝生产为例

项目6 冷链物流操作实训

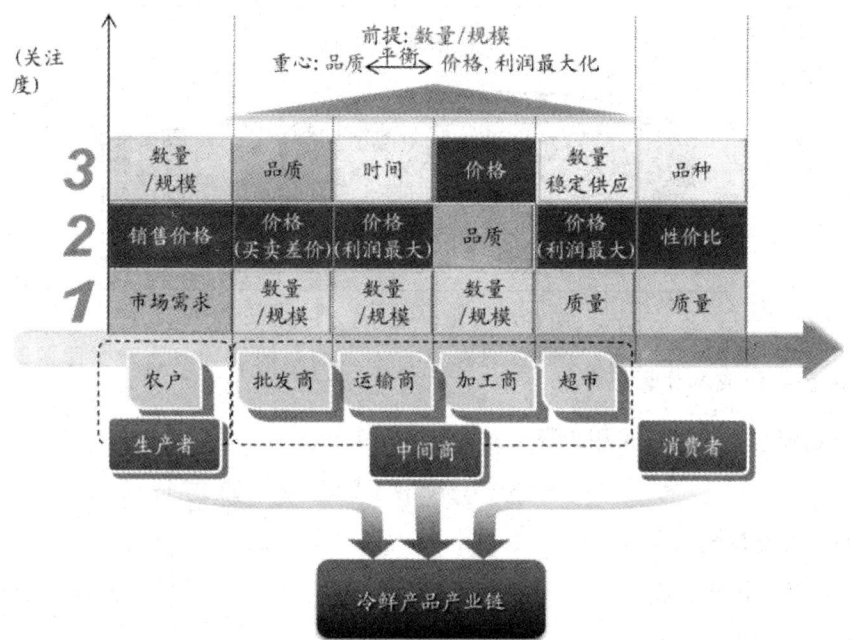

图 6-6 中国冷链产业链各方诉求不同

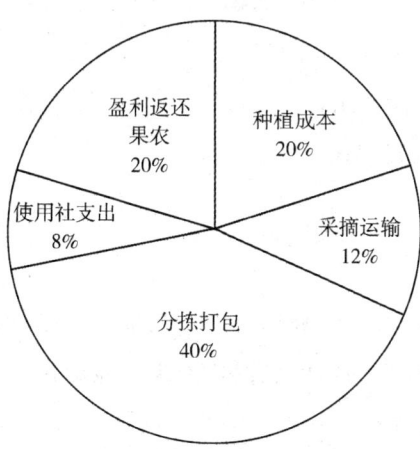

图 6-7 新奇士橙的利润增值环节

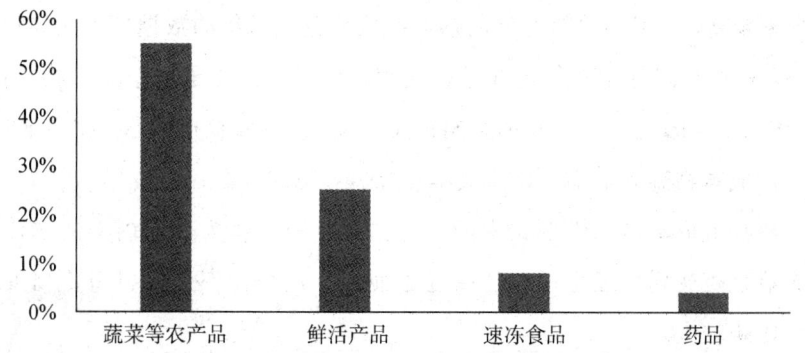

图 6-8 冷链运输环节占不同产品最终销售价格比重

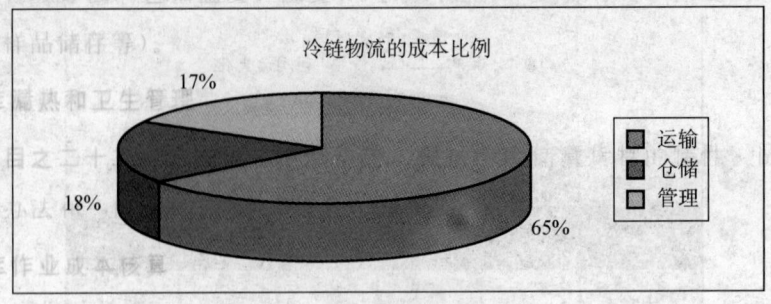

图 6-9 冷链物流的成本比例

1. 冷链物流成本计算

冷链物流总成本可以采用以下公式做粗略计算：

$$D=T+S+L+FW+VW+P+C$$

式中，D：物流系统总成本；

T：系统运输总成本；

S：库存维持费用；

L：批量成本；

FW：系统总固定仓储费用；

VW：系统总变动仓储费用；

P：订单处理和信息费用；

C：客户服务费用。

2. 分析指标

计算出物流成本以后，可以计算以下各种全面分析指标。用这些指标同前年、大前年比较来考察企业物流成本的实际状况，如果可能的话，还可与同行业其他企业进行比较，或者与其他行业比较。

（1）单位销售额物流成本率＝物流成本/销售额×100％。

这个比率越高，则其对价格的弹性越低，从该企业历年的数据中，大体可以了解其动向。另外，通过与同行业和行业外进行比较，可以进一步了解企业的物流成本水平。该比率受价格变动和交易条件变化的影响较大，因此作为考核指标还存在一定的缺陷。

（2）单位成本物流成本率＝物流成本/总成本×100％。

这是考察物流成本与总成本比率的一个指标，一般作为企业内部的物流合理化目标或检查企业是否达到合理化目标的指标来使用，这个比率受原材料价格变动和工厂设备折旧的影响较大。

（3）单位营业费用物流成本率＝物流成本/（销售费用＋一般管理费用）×100％。

通过物流成本与营业费用（销售费用＋一般管理费用）的比率，可以判断企业物流成本的比重。而且，这个比率不受制造成本变动的影响，得出的数值比较稳定，因此，适合于做企业物流合理化指标。

（4）物流职能成本率＝物流职能成本/物流总成本×100％。

该指标可以明确包装费、运输费、保管费、装卸费、流通加工费、信息流通费、物流管理费等各物流职能成本与物流总成本的比率。

（5）单位产品的物流成本＝物流成本/产品数量。

该指标是指单位产品的物流成本，它不受产品价格变化和交易条件变化的影响，因此，广泛应用于企业内部管理。而且，通过历史数据的比较，可以比较准确地反映物流成本的实际变动情况和趋势。

6.4 冷链故障情景模拟与分析

1. 实训目的

物流企业所追求的是"在保证产品安全的情况下，企业获得最大的经济效益"。在此，食品安全是第一位的。食品安全不仅是外观安全，更重要的是内在质量（营养素）。本实训目的是通过演示实验了解冷链中某些操作故障对易腐食品品质影响的重要性。

易腐食品损失包括营养素损失、外观质量变化、失重。因无法考察短时间内食品品质变化（因营养素品质），暂将流通环节中冰块融化（失重）界定为易腐产品的损失（重量上的损失）。

2. 演示实验材料及设备

易腐食品代表——冰 403.6g；激光温度计 1 支；天平——量程 500g（精度 0.1g）1 台；小型密封冷箱（可以用车载保温箱或2L真空饭盒代替）1 只；小型保温袋 1 个；医用冰袋 1 个；塑料称量盘（直径＝20cm）1 个；冰箱（230L）1 台（附带 2cm×2cm 冰块的制冰盘）。

3. 试验方法

（1）冷链中运输商扮演组，负责将易腐食品（冰块）由模拟冷链运送到目的地。在冷链的冷藏/冷冻环节出现一些"故障"，将正常情况作为对照组，试验后对模拟结果做经济分析，确定故障对冰块冷链造成的影响。

（2）以冰块代表经冷冻处理的易腐食品。理由是：冰块易融，在实验限定时间内质量变化（融化）明显，且质量变化可以用量化的手段测定出来。另一个理由是用冰块代表冷冻品不需要对其（冰块）进行预冷处理，可以认定为在运输之前该冰块（易腐食品）已经处于合适的温度。

（3）测定方法。因严格意义上的监测过程需要对产品核心温度及产品周围环境温、湿度进行检测，而此方法中无法测得冰块（易腐食品）的核心温度，因此，以激光温度计测量室内温度及环境温度，以冰块表面温度代替冰块核心温度（忽略冰块表面温度与核心温度之差）。该实验具有一定的现实意义，通过对产品和冷链检测可以为商业决策者提供重要的信息。

（4）质量保证测试。任何一种产品都有其相对应的质量监测测试规定（标准），但是对质量的确认最终还是按消费者的意愿决定（消费者满意的程度）。如果消费者不接受产品出产公司制定的测试标准，公司就必须对其测试标准进行调整以满足此类客户的要求。

（5）实验注意事项。本演示实验涵盖供应链中的四个环节（运输环节、冷藏/冷冻环节、运输环节、零售环节），演示实验中各小组都必须对各自产品这四个基本环节中的产品质量以及产品污染情况进行监测和记录。实验以冰块温度变化、失水率及污染状况表示产品质量变化。实验应尽量减少冰块暴露在环境温度下的时间，所有试验（质量和安全测试）都应在最短时间内完成。

4. 质量标准

1）温度的测试

置 TK 激光温度计在距离冰块表面 10cm 处，对准冰块，直接测量冰块表面温度，将测得温度值记录在附表中相应供应链环节表格内。

2）质量和脱水率测试——目视法

高品质冰块没有或只有很少部分发生融化，光泽昏暗（无光泽），融化的冰有光泽（光泽明亮）。

对产品视检并记录，对产品数码拍照，以下列指标定义产品的质量标准，见表6-6。

表6-6 冰块质量评分表

5分	4分	3分	2分	1分
冰块光泽昏暗，且无可视融水	冰块光泽较亮，但无可视融水	冰块光泽较亮可见（或无）少量融水，盛放冰块的容器中无融水	冰块较亮，盛放冰块的容器中出现融水聚集。	冰块光泽亮，大小明显减小，盛放冰块的容器中出现大量融水。

3）食品安全测试——感官检验法

感官检验法测试产品交叉污染状况。仔细检查冰块表面是否有泥土或变色的痕迹。如果冰块上出现泥土或呈现与其本身（透明或不透明）白色不同，则表明此冰块已经被污染且不具备安全性,此产品将被拒收。将结果记录于表格中并进行数码拍照,结束实验。

5. 试验步骤

1) 预冷

实验前,对运输冷箱(密封的午餐盒)和称量舟/称量盘进行清洁消毒:用沸水消毒,再用无尘餐巾纸擦拭干净(注:塑料称量舟可不用沸水消毒)。

将称量盘/称量盘放入冷库冰箱中预冷。

通过向运输冷箱内置放预冷冰袋(冰袋个数视运输冷箱体积和冰袋大小而定,拿取医药冰袋时要迅速,以降低冰袋融解、污染的程度),对运输冷箱进行预冷,维持冰袋在冷箱中较长时间,直至使冷箱在整个冷藏/冷冻环节可以维持温度(如可能,此操作应在演示实验前的讨论阶段完成)。

冰块代表经冷冻处理的易腐食品,此处已无须预冷。

在预冷环节结束后,用温度计测量运输冷箱温度,检测是否已达到预冷效果,否则继续进行预冷处理。

2) 运输环节1

用激光温度计测量冷库温度,测完(此时不关冷库门)即刻从冰箱中取出冰块(450g)和称量舟/称量盘,并将冰块置于塑料称量舟/称量盘内,放在天平上。在整个演示环节,应保证冰块始终于此称量舟/称量盘内,并且为防止误差,在取拿冰块时采用夹子夹取称量盘,减少人体直接接触而导致的冰块融化加快。

在最短时间内对时间、大气环境空气温度、冰块表面温度、视检评级、重量和清洁度进行测量(注:在每次质量保证测试中,先观察冰块品质和清洁度,当冰块转移至下一温控冷室或运容器内后再对观测数据和情况进行记录;量度时应对时间进行把握,实验人员进行实验时的配合,尽量避免冰块能量损失,对实验造成影响,具体分工步骤为:①拿取冰块的组员A对冰块重量进行测量;②组员B同时观察冰块,进行视检评级和清洁度测量;③组员C同时测量大气温度,待A、B均测完后,测冰块温度;④C测完温度后,A立即将冰块放入运输冷箱中,同时C测量运输冷箱中的温度,⑤整个过程由组员D计时)。

将冰块放在运输冷箱(与冰袋一起)中后,检查密封性,经过15~20min(根据实际情况,在运输环节的15~20min内运输冷箱可被直接置于桌上)。在运输期间对所测温度及其他数据、相关情况进行记录——由记录员E负责。

3) 冷藏/冷冻环节

经过15~20min后,将冰块从运输冷箱中移出,直接对冰块在最短时间内测量并记录时间、运输冷箱温度、大气环境空气温度、冰块表面温度、视检评级、重量和清洁度等（步骤大体如上，注：测量员C需要在取冰块同时测量运输冷箱温度和冰块温度，然后测量大气温度，在将冰块放入冰箱/冷冻箱中时测量冰块和冰箱/冷冻箱的温度）。

测完后，尽快将冰块置于冰箱/冷冻箱里15～20min，以防止冰块融化变质。在冷藏/冷冻期间所测温度及其他数据、相关情况进行记录。

当冰块置于冰箱/冷冻箱里时，对运输冷箱用餐巾纸进行擦拭，再次进行清洁，根据运输冷箱中冰袋的使用情况向其内增添置放预冷冰袋（冰袋个数视运输冷箱体积和冰袋大小而定，拿取医药冰袋时要迅速，以降低冰袋融解、污染的程度）对运输冷箱再次进行预冷，维持冰袋在冷箱中较长时间，使冷箱在整个冷藏/冷冻环节可以维持温度。

在预冷环节结束后，用温度计测量运输冷箱温度，检测是否已达到预冷效果，否则继续进行预冷处理。

4）运输环节2

用激光温度计测量冰箱/冷冻箱温度，将冰块从冰箱/冷冻箱里移出，在最短时间内测量时间、大气环境空气温度、冰块表面温度、视检评级、重量和清洁度等（具体步骤同运输环节1相同）（提示：在对冰块称重前，应将融水倒干）。

将冰块置于运输冷箱（与冰袋一起），并检查密封性。经过15～20min后将其移至零售设施（小组的桌子）上（根据实际情况，在运输环节的15～20min内运输冷箱可被直接置于桌上）。在运输期间对所测温度及其他数据、相关情况进行记录。

5）零售环节

在运输环节的15～20min之间，将新的冰袋放置在一个塑料大盆中（之后冰块放于冰袋上会有融水出现，塑料盆为防止流淌），再将塑料盆放置在通风的高（窗）沿或室内温暖的地方，以模拟常开式零售陈列柜。

将冰块从运输冷箱中移出，在最短时间内测量时间、运输冷箱温度、大气环境空气温度、冰块表面温度、视检评级、重量和清洁度等（步骤大体如上，注：测量员C需要在取冰块同时测量运输冷箱温度和冰块温度，然后测量大气温度，在将盛有冰块的称量舟/称量盘放置在冰袋上前测量冰块和冰袋附近空气温度）。提示：在对冰块称重前，应将融水倒干。

将盛有冰块的称量舟/称量盘放置在冰袋上，并保持"零售"状态15～20min。在此期间对所测温度及其他数据、相关情况进行记录。

零售状态结束后，在最短时间内测量并记录时间、大气环境空气温度、冰块表面温度、视检评级、重量和清洁度等（步骤大体如上。提示：在对冰块称重前，应将融水倒干）。

项目6　冷链物流操作实训

表 6-7　小组人员分工表

搬运员	负责实验过程中的冰块拿取、称量工作
观察员	负责实验过程中观察冰块的视检评级和清洁度测量
测量员	负责实验过程中的温度测量
计时员	负责实验过程中的计时提醒
记录员	负责实验过程中的数据记录
监察员	负责实验过程中对所有环节的监察，发现组员工作出现问题时提醒并记录，同时作为机动人员，参与各环节的辅助工作

6. 问题分析

表 6-8　实验记录表

实验日期_____　　　　组号_____

冷链环节	时间	环境空气温、湿度		产品表面温度（℃）	视检评级（分数）	产品质量（重量g）	产品安全性及洁净度表述
		温度(℃)	湿度(φ)				
运输环节1之前							
到达冷冻冷藏环节时							
在运输环节2时							
到达零售环节时							
零售环节结束时的最后测量							

7. 实验结果分析讨论

（1）计算冷链中每一步骤冰块重量的损失，是否与预期一致？高度易腐食品有个缓慢的损失过程，或者物流中是否出现过冷链断链？如有，断链节点出现在什么位置？

根据预冷试验的试验过程可得，在预冷试验过程中，产品运回冷库后，没有对冷库进行预冷环节。根据表 6-9 的数据可得，到达冷冻冷藏环节是的冰块损失重量为 7.60g。根据与完美组的试验数据可得，是符合预期的冰块损失的。由于没有对冷库进行冷冻，使产品即冰块的重量损失比完美组试验即进行冷库预冷的试验的损失要严重。

冷链物流实验实训

表 6-9　冷链环节质量分析表

冷链环节	时间	产品质量（重量 g）	冰块的损失（重量 g）
运输环节 1 之前	10：11	403.60	0
到达冷冻冷藏环节时	10：19～10：46	396.00	7.60
在运输环节 2 时	10：54～11：04	389.90	6.10
到达零售环节时	11：13～11：18	378.80	11.10
零售环节结束时的最后测量	11：23	367.3	11.50

高度易腐食品有个缓慢的损失过程，根据本次的冷冻试验可以得出，在冷链过程中出现了断链，在产品的入库环节中，没有对产品即冰块的冷库环境进行冷冻环节，使得产品的储存温度低于正常产品存储温度所需要达到的冷冻标准，根据数据分析可见，由于没有对冷库进行冷冻，造成了到达冷库的冷藏环节时产品有超出正常损失的比例范围，所以对产品造成了不必要的损失。因此断链点是在冷冻环节。

（2）冷链中由于安全问题引起的断链点是否都与温度控制相关？如有不相关点请列出。

（3）假设在目前市场行情下购买冰块批发价为 5 元/克，三个物流环节后再批发卖出，外批发价为 7 元/克，请计算经过冷链前三个环节后小组冷链冰块的批发价值（购买的冰块用了多少钱？经过三个物流环节后融化一部分，剩余的冰块按照批发价格卖出，你能赚到多少钱？）

购买冰块所需钱数：403.6×5＝2018（元）

三个环节后冰块的价格：389.9×7＝2729.3（元）

赚的钱数：2729.3－2018＝711.3（元）

（4）请计算经过最后一个环节冰块的零售价格（你打算按照什么价格卖出？如果零售价格是 7 元/克，批发价卖出你是否能有利润？）。你是赚到钱了还是亏损了？如果赚钱，赚到多少？如果亏损，又亏损多少？

（5）作为运输商，是否应当对产品损失负责？如果要承担的话，这部分损失的经济价值是多少？

（6）零售商是否要对产品损失负责？如果要负责，此部分损失的经济价值是多少？

零售商是应该对产品的损失负责的，这是一个很浅显的道理。邮购过东西的人都知道，大多数的产品都有七天无理由退换货，而且如果是商品的质量问题，商家就可以包邮退换货。同样，在冷链物流中，零售商作为最后一环，是与顾客紧密相连的，但并不代表零售商就要负责全部损失的经济价值。同在一条冷链上，产品在这一部分产生的经济损失该由涉及冷链的各个环节共同分担负责。当然，如果在销售环节逗留的时间越长，产品的消耗也随之增长，零售商所对应的承担也相应增加。

由于冷链意识不强,很多超市在贮藏或购需冷藏的食品时,常常发生"冷链不冷"的现象。在收货环节,也存在冷链断裂的危险。比如,生鲜供应商送货至零售超市门店,是在露天环境温度下卸载,门店会对生鲜食品进行测温、抽检和检测车厢温度等收货检测环节,通常需要 20～30min,这段时间生鲜食品就是暴露在露天的环境温度下进行的。

完整的冷链要求整条供应链温度保持一致。一旦冷链断裂,温度超过被允许波动的范围,超出食品本身的耐藏性,微生物会加速繁殖,食品的营养品质会加速损失,即使温度重新回到最佳贮藏温度,微生物水平、品质和营养都会发生不可逆转的损伤。

损失的经济价值:(382.7－367.3)×5＝77(元)

(7) 通过实验表述你对全程冷链物流的理解(对冷链的理解,我国冷链存在哪些问题,如何改进)。

6.5　冷藏物流业务流程

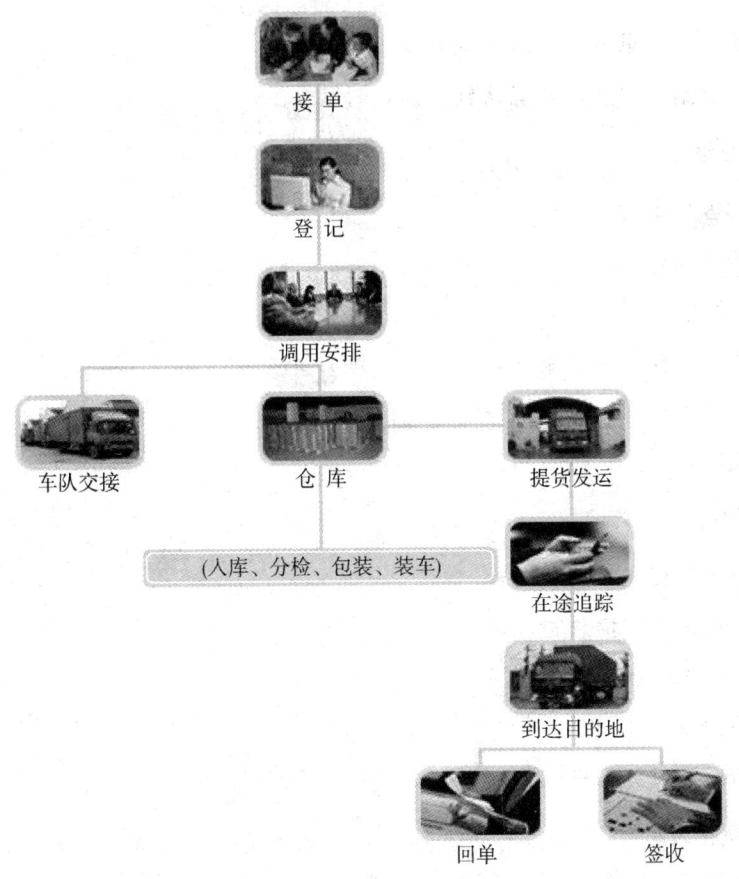

图 6-10　冷藏物流业务流程

1. 接单

公路运输主管从客户处接受（传真）运输发送计划；

公路运输调度从客户处接出库提货单证；

核对单证。

2. 登记

运输调度在登记表上分送货目的地，分收货客户标定提货号码；

司机（指定人员及车辆）到运输调度中心拿提货单，并在运输登统本上确认签收。

3. 调用安排

填写运输计划；

填写运输在途，送到情况，追踪反馈表；

电脑输单。

4. 车队交接

根据送货方向、重量、体积，统筹安排车辆；

报运输计划给客户处，并确认到厂提货时间。

5. 提货发运

按时到达客户提货仓库；

检查车辆情况；

办理提货手续；

提货，盖好车棚，锁好箱门；

办好出厂手续；

电话通知收货客户预达时间。

6. 在途追踪

建立收货客户档案；

司机及时反馈途中信息；

与收货客户电话联系送货情况；

填写跟踪记录；

有异常情况及时与客户联系。

7. 到达签收回单

按时准确到达指定卸货地点；

货物交接；

百分之百签收，保证运输产品的数量和质量与客户出库单一致；

将签收货物回执单用 EMS 或传真反馈至千诚公司。

8. 运输结算

整理好收费票据；

做好收费汇总表交至客户，确认后交回结算中心；

结算中心开具发票，向客户收取运费。

表7-2 湖北销售分公司主要售卖点明细表

售卖点	销售方式	月均销售(t)	供应/销售价格(元)	备注
	代销		15.18	零售企业不负责库存
	代销		15.18	零售企业不负责库存
	代销		15.18	零售企业不负责库存
	专卖店经销		15.18	零售企业不负责库存
随州	专卖店经销		15.18	零售企业不负责库存
	专卖店经销		15.18	零售企业不负责库存
	专卖店经销	30	15.18	零售企业不负责库存
	专卖店经销		15.18	零售企业不负责库存
	专卖店经销		15.18	零售企业不负责库存
	专卖店经销	10	15.18	零售企业不负责库存
鄂州	专卖店经销	10	15.18	零售企业不负责库存
	专卖店经销	5	15.18	零售企业不负责库存
	专卖店经销		15.18	零售企业不负责库存
天门	专卖店经销	5	15.18	零售企业不负责库存
潜江	专卖店经销	5	15.18	零售企业不负责库存

项目7 冷链物流运营综合实训

7.1 实训目的

（1）加深学生对相关专业课程知识的全面、系统地理解。

（2）使学生进一步了解物流公司或物流部门的相关工作，了解物流相关工作岗位的工作内容，掌握物流作业过程中一般性工作技能，培养学生的企业实际操作能力。

（3）使学生了解物流作业系统的全貌，提升学生对物流实践的整体认识。

（4）引导学生运用所学的知识查阅资料，尝试解决单个的物流问题，培养学生独立解决问题的能力。

7.2 实训条件及要求

1）实训条件

在物流实训中心进行。

2）实训要求

学生分组完成实训的相关内容。每两人一组，两人分工合作，在充分讨论的基础上完成各个实训项目。

实训项目的最后结果，以手写的方式誊写在报告书的相应地方，杜绝以电脑打印的方式提交最后结果，杜绝不同组之间结果雷同。

7.3 实训相关知识

（1）物流基础知识。

（2）物流中心规划、设计及仓储管理相关知识。

（3）物流运输规划与管理相关知识。

（4）冷链物流运营实务相关知识。

7.4 实训内容

7.4.1 实训项目背景

A 公司是一家大型食品生产企业。企业的主要任务是生猪屠宰、肉类加工、肉类产品销售、肉类产品储存与运输等。目前，公司的下属分公司在国内北方多个省区有业务活动。为满足日益增加的产品市场需求，A 公司的工厂、物流中心、销售分公司都实行七天工作制，全年无休。A 公司物流部作为本次物流运作系统整合的责任部门。

7.4.2 物流部部门职责

实训项目之一：假如你是公司物流部部长，请试着拟订一份物流部工作职责的方案。

7.4.3 物流管理与冷库规划

2015 年，公司计划进入湖北市场，增设湖北销售分公司，分公司下设物流部。根据销售部门预测，未来 5 年，湖北市场月均冻肉销售量 300～400t。物流部计划在湖北省会城市武汉设一个冻肉分拨中心，负责承接总部物流中心产品的供应，同时负责供应湖北省二级城市客户的需求。总部物流部规定各分拨中心库存周转天数为 10d。

实训项目之二：假如你是分公司物流部经理，请根据分公司物流部工作职责，设计分公司物流部的主要业务性岗位，并简要地描述各岗位的职能。

冷库的选址

实训项目之三：假如你是分公司物流部经理，请根据武汉市冷库资源分布状况，在对冷库选址的影响因素分析的基础上，试提出分拨中心冷库的选址方案，并分析该方案的优缺点。

冷库面积规划和经营模式设计

冷库布局规划和货品储藏与陈列标准

实训项目之四：假如你是分公司物流部经理，请根据《中华人民共和国国家标准：冷库设计规范（GB50072—2001）》的相关内容，规划湖北省分拨中心冷库的面积。

实训项目之五：假如你是分公司物流部经理，请根据成本最低原则，试拟一份关于湖北省分拨中心冷库采取自建或租赁的报告上报总部物流部。

实训项目之六：假如你是冷库主管，请在实训项目之四的基础上，试提出冷库功能区规划方案（画一份冷库平面布局图，并附文字说明）。

实训项目之七：假如你是冷库主管，请根据冷库储藏的对象，拟订一份货品储藏与陈列标准方案。

7.4.4 冷库操作实务

总部物流中心到武汉分拨中心的订货前置时间为3d，日出货量为10t，每个库存量为10t。假如2015年10月20日查询库存为40t，请确定补货时间及补货量，并填写《补货单》。假设货物的品名为"冻肉"，条码无，规格为白条肉，批号为2015888，单价为15元/千克——补货作业流程（补货单）。

实训项目之八：假如你是冷库主管，试拟订补货作业流程方案，并扮演冷库管理员，在以上信息的基础上，填写《补货单》和《补货清单》相关栏目。

补货单

要货方：　　　　地址：　　　　联系人：　　　　电话：

发货方：　　　　地址：　　　　联系人：　　　　电话：

发单时间：

到货时间：

单据编号：B201 1 1020001

品名	条形码	规格	批号	数量	单价	金额	备注

审批：　　　　财务：　　　　审核：　　　　经办人：

（一式四联：存根联、财务联、客户联、物流联）

项目 7 冷链物流运营综合实训

补货清单

□时间段　　□供应商　　□产品项　　□仓库名　　□经办人

序号	时间段	供应商	产品	仓库	单号	数量	金额
合计							

经办人：

1. 入库作业流程（存料卡）

基于实训项目一的相关信息，确定该次补货作业的到货时间，假设实收数量就是订货数量。本次入库作业前，库存量为 10t。

实训项目之九：假如你是冷库主管，试拟订入库作业流程方案，并扮演冷库管理员，在以上信息的基础上，填写《入库验收单》《存料卡》《入库清单》相关栏目。

入库验收单

供应商名称：　　　　　　　　　　　　入库验收单编号：

供应商代码：　　　　　　　　　　　　验收日期：

补货单编号：

编号	品名	条码	批次	订货数量	实收数量	验收人	验收记录	结果
								□合格 □不合格
								□合格 □不合格
								□合格 □不合格
								□合格 □不合格

审核：　　　　送货人签字：　　　　　验收人签字：　　　　盖章

(一式五联：存根联、财务联、客户联、物流联)

存料卡

库房号：K021　　　　　　　　　　　　货物名称：

储位号：K0210101　　　　　　　　　　货物编号：

序号	时间	入库数量	出库数量	结存数量	经办人

入库清单

□时间段　　□供应商　　□产品项　　□仓库名　　□经办人

序号	时间段	供应商	产品	仓库	单号	数量	金额
合计							

经办人：

2. 出库作业流程

武汉分拨中心到周边城市售卖点的订货前置时间为1天。假如2015年10月20日收到001售卖点的订单（编号D20151020001），订货量为1t；收到003售卖点的订单，订货量为1.5t；收到005售卖点的订单，订货量为1.5t；收到007售卖点的订单，订货量为0.5t。实发数量与订货数量一致。

实训项目之十：假如你是冷库主管，试拟订出库作业流程方案，并扮演冷库管理员，在以上信息的基础上，填写《出库验收单》和《存料卡》相关栏目（以客户001售卖点为例）。

出库检验单

客户名称：　　　　　　　　　　　　　　出库检验单编号：

客户代码：　　　　　　　　　　　　　　验发日期：

订单编号：

编号	品名	条码	批次	订货数量	实发数量	检验人	验收记录	结果
								□合格 □不合格
								□合格 □不合格
								□合格 □不合格
								□合格 □不合格

审核：　　　　　收货人签字：　　　　　发货人签字：　　　　　盖章

（一式五联：存根联、财务联、客户联、物流联）

存料卡

库房号：K021　　　　　　　　　　　　　货物名称：

储位号：K0210101　　　　　　　　　　　货物编号：

序号	时间	入库数量	出库数量	结存数量	经办人

出库清单

□时间段　　□客户　　□产品项　　□仓库名　　□经办人

序号	时间段	客户	产品	仓库	单号	数量	金额
合计							

经办人：

3. 盘点作业流程

假如 2015 年 10 月 31 日，按照公司的相关管理制度，分公司财务部门组织相关部门，对武汉分拨中心进行盘点。财务部门最后决定正式盘点的时间为 2015 年 10 月 31 日下午 5 点至晚上 8 点，截至 2015 年 10 月 31 日下午 5 点，冷库电脑库存量为 75t，《存料卡》结存数为 76t。经过盘点称重，冷库实物数为 75.5t。经物流部与财务部相关人员分析，最后认定盘点差异为盘亏 0.5t。

实训项目之十一：假如你是分公司财务部经理，试拟订一份冷库盘点计划。

实训项目之十二：假如你是冷库主管，试拟订冷库盘点作业流程方案，并扮演冷库管理员，在以上信息的基础上，填写《初盘表》《初盘差异表》相关栏目（复盘和抽盘省略）。

初盘表

序号	储位号	品名	条码	单位	单价	实物数	金额

盘点甲签字：　　　　　盘点乙签字：

初盘差异表

序号	储位号	品名	手工账 1	电脑账 2	实物数 3	1—3	2—3	1—2

财务人员甲签字：

盘点损益表

序号	储位号	品名	条码	单位	单价	实物数	差异数	差异金额	备注

财务主管：

实训项目之十三：假如你是冷库主管，试分析盘点差异产生的原因（列举 5 个以上的原因），并拟订一份盘点报告方案，上报分公司物流部经理。

4. 退货入库作业流程

实训项目之十四：假如你是冷库主管，试拟订冷库退货入库作业流程方案。假如2015年10月20日收到001售卖点的请退单（编号Q20151020001），退货量为0.1吨，请退货的货物批次20150304001（据市场反应，这个批次的货物使用了瘦肉精）。请退数量与实退数量一致。假如你是001售卖点退货员，请填写《请退单》。假如你是分公司物流部冷库管理员，请填写《退货检验单》。公司决定，将各地批次为20150304001的货物集中到总部集中处理。

请退单

供应商名称：　　　　　　　　　　　　　请退单编号：

供应商代码：　　　　　　　　　　　　　拟退货日期：

编号	品名	条码	批次	订货数量	拟退数量	单价	拟退金额	退货原因

审核人：　　　　　经办人：　　　　　盖章

（一式五联：存根联、财务联、供应商联、物流联）

退货检验单

客户名称：　　　　　　　　　　　　　退货检验单编号：

客户代码：　　　　　　　　　　　　　退货日期：

请退单编号：

编号	品名	条码	批次	拟退数量	实退数量	检验人	验发记录	处理意见
								□入库 □销毁
								□入库 □销毁
								□入库 □销毁

审核：　　　收货人签字：　　　退货人签字：　　　盖章

（一式五联：存根联、财务联、客户联、物流联）

5. 退货作业流程

实训项目之十五：假如你是冷库主管，试拟订冷库退货作业流程方案。基于实训项目之十四的相关信息，截止到 2015 年 10 月 25 日，共收到各售卖点退回的货物（批次 20150304001）2t，各售卖点均已退完，集中存放在武汉分拨中心。现得知 2015 年 10 月 26 日有公司一辆冷藏车从广州回总部，路过武汉。假如你是武汉分拨中心冷库管理员，请填写《请退单》。假设总部同意退货，并于 26 日办理退货，请填写《退货检验单》。

请退单

供应商名称： 请退单编号：
供应商代码： 拟退货日期：

编号	品名	条码	批次	订货数量	拟退数量	单价	拟退金额	退货原因

审核人： 经办人： 盖章

（一式五联：存根联、财务联、供应商联、物流联）

退货检验单

供应商名称： 退货检验单编号：
供应商代码： 退货日期：
请退单编号：

编号	品名	条码	批次	拟退数量	实退数量	单价	退货金额	备注

审核： 收货人签字： 退货人签字： 盖章

（一式五联：存根联、财务联、供应商联、物流联）

7.4.5 库存金额的计算

假设 2015 年 10 月武汉分拨中心进出库明细如下：

10 月 1 日，上月结转 20t，单价为 15 元/千克；

10 月 5 日，入库 50t，单价为 14 元/千克；

10 月 10 日，出库 40t；

10 月 20 日，入库 30t，单价为 15 元/千克，出库 20t；

10月25日，入库20t，单价为16元/千克；

10月26日，出库40t。

实训项目之十六：假如你是冷库统计员，试计算：10月31日，库存余额是多少？如果公司以先进先出计算货物的发出金额、库存金额，请问10月31日库存结存的金额是多少？每次发出的货物金额各是多少？

7.4.6 入库前预冷与包装

实训项目之十七：假如你是冷库主管，请针对屠宰后肉制品试拟订一份入库前预冷与包装的作业方案。

7.4.7 冷库管理

1. 管理团队

实训项目之十八：假如你是冷库主管，冷库管理团队包括冷库设备管理员、品管员、统计员等岗位，请根据业务量，提出冷库管理团队的人员编制及各岗位工作职责。

2. 设备管理

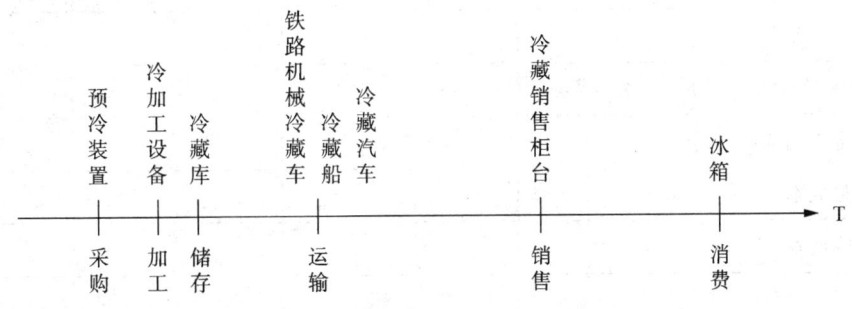

图 7-1 冷链供应链与冷链设备

实训项目之十九：假如你是冷库设备管理人员，试拟一份冷库设备管理办法。

3. 库存量管理

实训项目之二十：假如你是冷库品管员，根据供应与需求的相关信息，试拟一份货物库存量控制管理办法（包括最高库存量、安全库存量、订货量，同时考虑基于季节性等因素，提出对库存量的相应调整策略），并拟订一份库存分析报告的大纲。

4. 质量管理

实训项目之二十一：假如你是冷库主管，根据冷库储藏货物的特性，试拟一份货物储藏质量管理办法（包括温度、湿度、气味、混装、保持时间、保质期、批次、记录、追溯、样品储存等）。

5. 冷库漏热和卫生管理

实训项目之二十二：假如你是冷库主管，根据冷库储藏货物的特性，试拟一份冷库漏热控制办法和一份冷库卫生管理办法（精简）。

6. 冷库作业成本核算

假如武汉分拨中心冷库是租赁其他公司，作业与管理是由分公司物流部负责承担。租赁费为120元/（月·平方米）。租赁费包括电费，不包括修理费、保养费、清洁费等。修理费、保养费、清洁费等费用约为租赁费的10%。装卸业务外包给装卸公司，以进、出单面50元/吨计算。人员工资以平均每人每月2000元计，人员福利、津贴以平均工资的15%计（下同）。假设2015年11月平均库存量为60t。

表7-1 冷库作业成本（月）统计表

费用项目	实际发生值（月）	年累计发生值	同比
月租赁费			
月装卸费			
人员工资			
人员福利、津贴			
其他费用（修理费、保养费、清洁费等）			
存货资金占用成本			
存货保险成本			
存货风险成本			
合计			

实训项目之二十三：假如你是冷库主管，试计算11月份冷库作业成本，并对11月冷库作业成本进行分析，提出降低冷库作业成本的思路。

7. 评估与考核

实训项目之二十四：假如你是分公司物流部经理，根据冷库管理相关要求试拟一份冷库主管工作评估和考核办法（重点是设定相关评估指标及各指标的标准值，要求考核全面、合理）。

7.4.8 仓储管理信息化

实训项目之二十五：假如你是冷库主管，请结合分公司分拨中心的业务形态，提出一份仓储管理信息系统的功能构架（以图的形式），并简要说明各功能模块解决的主要问题。

7.4.9 冷藏运输

湖北销售分公司除负责武汉市内三家连锁企业（中百、中商、武商）的肉品供应外（送到三家企业的生鲜配送中心，中百在汉口丹水池、中商在徐东万吨冷库、武商在汉阳郭茨口），还负责湖北省二级城市孝感、随州、枣阳、襄樊、十堰、恩施、黄石、鄂州、麻城、汉川、天门、潜江、仙桃、宜昌、荆门、荆州、沙市、枝江等城市的肉品供应。市内售卖点每天送货一次，市外售卖点三天送货一次。假设以上各售卖点月平均要货量见表7-2。

表7-2 湖北销售分公司主要售卖点明细表

售卖点	销售方式	月均销售（t）	供应/销售价格（元）	备注
中百	代销	50	15/17	零售企业不负责库存
中商	代销	30	15/17	零售企业不负责库存
武商	代销	40	15/17	零售企业不负责库存
孝感	专卖店经销	5	15/18	零售企业不负责库存
随州	专卖店经销	5	15/18	零售企业不负责库存
枣阳	专卖店经销	5	15/18	零售企业不负责库存
襄樊	专卖店经销	30	15/18	零售企业不负责库存
十堰	专卖店经销	10	15/18	零售企业不负责库存
恩施	专卖店经销	5	15/18	零售企业不负责库存
黄石	专卖店经销	10	15/18	零售企业不负责库存
鄂州	专卖店经销	10	15/18	零售企业不负责库存
麻城	专卖店经销	5	15/18	零售企业不负责库存
汉川	专卖店经销	5	15/18	零售企业不负责库存
天门	专卖店经销	5	15/18	零售企业不负责库存
潜江	专卖店经销	5	15/18	零售企业不负责库存

续表

售卖点	销售方式	月均销售（t）	供应/销售价格（元）	备注
仙桃	专卖店经销	5	15/18	零售企业不负责库存
宜昌	专卖店经销	25	15/18	零售企业不负责库存
荆门	专卖店经销	15	15/18	零售企业不负责库存
荆州	专卖店经销	15	15/18	零售企业不负责库存
沙市	专卖店经销	10	15/18	零售企业不负责库存
枝江	专卖店经销	10	15/18	零售企业不负责库存
合计		300		

1. 运输规划

实训项目之二十六：假如你是分公司物流部经理，结合以上信息，请拟一份湖北分公司运输形式的报告，确定湖北分公司采用自营车辆还是社会车辆，或者两者兼顾，确定是公路运输还是铁路运输，或其他运输方式，说明原因，上报总部物流部。

实训项目之二十七：假如你是分公司物流部运输主管，结合以上信息及运输形式，请拟订城市配送作业流程和市外配送作业流程方案。

实训项目之二十八：假如你是分公司物流部运输调度，结合以上信息及运输形式，请拟订城市配送路线规划和市外配送路线规划方案（售卖点的地区分布及距离，通过百度地图查阅）。

项目7　冷链物流运营综合实训

2. 运输管理

假如 2015 年 10 月 22 日送货之后，截至 2015 年 10 月 24 日下午 5：00，分公司客服部收到以下地区售卖点的要货信息。客服部根据各要货点的《订单》生成《送货单》，集中交运输主管。

地区	售卖点	要货量（t）	联系人	联系电话
宜昌	01～05 专卖店	2.5	——	——
荆门	06～08 专卖店	1.5	——	——
荆州	09～11 专卖店	1.5	——	——
沙市	12～13 专卖店	1.0	——	——
枝江	14～15 专卖店	1.0	——	——
汉川	16～17 无卖店	0.5	——	——
天门	17～18 专卖店	0.5	——	——
潜江	18～19 专卖店	0.5	——	——
仙桃	20～21 专卖店	0.5	——	——
合计		9.5		

以上信息，由运输主管会签，转运输调度做运输计划（根据实训项目之二十八的配送线路）。

实训项目之二十九：假如你是运输调度，试拟订一份 2015 年 10 月 25 日的运输计划（包括运输线路安排、运输车辆安排、车辆安检、司机安排、运输时间安排、包装要求、装载安排、卸载安排、车辆在途温度管理的相关要求、回单管理的相关要求等）。

实训项目之三十：车辆当日到达宜昌 01 号专卖店，假设 01 号专卖店本次要货量为 0.5t。押运员或司机根据 01 号专卖店的订单，到专卖店管理信息系统查询该订单是否在有效期内，然后组织卸货，按订单/送货单进行货物交接。假如你是押运员或司机，请填写《送货单》《配送单》的相关栏目，比较两种单据的异同。

送货单

收货单位：　　　　　　　　　　　　　　　收货时间：

货号	名称/规格	单位	数量	单价	金额	备注
合计	万 仟 佰 拾 元 角 分	￥				

收货单位及经手人（盖章）：　　　　　　送货单位及经手人（盖章）：

（本单一式四联：存根联、财务联、客户联、物流链）

配送单

供应商（公章）：_____

配送人：_____　　　　　　　　配送日期：___月___日

供应商配送情况				
客户名称/门店				
生产日期及批号	生产日期：　年　月　日		保质期	天
	批号：		保质截止日期	月　日前食用
配送数量	净重：_____kg			
门店接收机验收情况				
验收情况	是否有产品检疫合格证明文件（复印件）		是□　否□	
	温度检验是否与要求一致		是□　否□	
	商品形状、色泽、感官检验是否属变质商品		是□　否□	
	是否符合供货合同要求的其他检验标准		是□　否□	
实收数量	净重：_____kg			

接收人签名（盖章）：

（本单一式四联：存根联、财务联、客户联、物流链）

实训项目之三十一：假如你是运输调度，根据车辆（自营车辆）在途状况记录表及其他支出（如司机工资、津贴、福利、车辆折旧、管理费摊销等），计算某次运输业务的运输成本（列出计算公式），并分析运输成本中的主要费用项目、如何控制主要费用项目的增长。

表 7-3　运输日志

时间							
途径线路							
加油站（元）							
缴费站（元）							
停靠点							
车况							
维修点（元）							
进餐（元）							
住宿（元）							
其他（元）							
卸货点							
车厢温度							
车厢湿度							
…							

实训项目之三十二：假如你是运输调度，针对社会车辆的特点，试拟一份社会车辆安全检查的实施办法，并拟订一份车辆在途状况跟踪记录表方案。

3. 供应商管理库存

根据以上资料反映，中百、中商、武商为代销。假如经与三家企业协商，达到供应商（即 A 公司）负责管理三家连锁企业各门店的肉制品库存（由 A 公司供应的）。

实训项目之三十三：假如你是分公司物流部经理，基于以上条件，试拟一份供应商管理库存的实施办法，并简要分析供应商管理库存的作用与意义。

4. 评估与考核

实训项目之三十四：假如你是分公司物流部经理，根据运输管理相关要求，试拟一份运输主管工作评估和考核办法（重点是设定相关评估指标及各指标的标准值，要求考核全面、合理）。

5. 运输管理信息化

实训项目之三十五：假如你是运输主管，请结合分公司的业务形态，提出一份运输管理信息系统的功能构架（以图的形式），并简要说明各功能模块解决的主要问题。

7.4.10 突发事件处理

实训项目之三十六：假如你是分公司物流部经理,在分析分公司物流作业环节可能发生的突发事件的基础上,试拟订一份突发事件明细及处理各突发事件的主要工作步骤方案。

1. 突发事件模拟一

实训项目之三十七：2015年11月1日,分公司分拨中心出现突然停电(没有预报),你是当日的冷库值班人员,你如何处理以上事件?假如你是冷库主管,针对冷库突然停电,试拟订一份冷库停电应急预案。

2. 突发事件模拟二

实训项目之三十八：2015年11月1日,分公司客服部连续接到三个售卖点反映批号为20150411001的肉制品有异味的问题。批号20150411001的肉制品是上次刚配送给各售卖点的产品。如果你是客服部主管,你如何处理该项事件?假如你是客服主管,针对产品可能发生的各种质量问题,试拟订一份食品突发事件的应急预案,上报物流部经理。

3. 突发事件模拟三

实训项目之三十九：2015年11月12日,运输主管接到分公司自有车辆在襄樊到十堰段出现核心部件损坏问题,预计需要停车检修约一周左右。车上还有须送达十堰的1t肉制品。汽车发电机正常,车厢温度正常。如果你是运输主管,将如何处理?假如你是运输主管,针对运输可能发生的各种突发事件,试拟订一份运输突发事件的应急预案,上报物流部经理。

7.4.11 实训总结

实训项目之四十：在完成以上各项实训项目的过程中,你有什么体会?试简明扼要地描述你的收获和缺憾。

参考文献

[1] 白世贞，曲志．冷链物流［M］．北京：中国财富出版社，2012．

[2] 李建春．农产品冷链物流［M］．北京：北京交通大学出版社，2014．

[3] 中国物流与采购联合会冷链物流专业委员会、中国物流技术协会、国家农产品现代物流工程技术研究中心．中国冷链物流发展报告（2015）［R］．北京：中国财富出版社，2015．

[4] 翁心刚，安久意．鲜活农产品冷链物流管理体系研究［M］．北京：中国财富出版社，2015．

[5] 中国物流与采购联合会冷链物流专业委员会、中国物流技术协会、国家农产品现代物流工程技术研究中心．中国冷链物流发展报告（2014）［R］．北京：中国财富出版社，2014．

[6] 李佳沿，等．北京市冷链物流报告（2012－2013）［R］．北京：中国标准出版社，2015．

[7] 袁群．长三角地区食品冷链物流管理研究［M］．上海：上海交通大学出版社，2013．

[8] 王卫，赵勤．优质猪肉冷链运输及物流配送关键技术［M］．成都：四川科技出版社，2011．

[9] 叶健恒．冷链物流管理［M］．北京：北京师范大学出版社，2011．

[10] 邓汝春．冷链物流运营实务［M］．北京：中国财富出版社，2007．

[11] 翁心刚．鲜活农产品冷链物流管理体系研究［M］．北京：中国物资出版社，2015．

[12] 李建春．农产品冷链物流（十二五高职高专规划教材）［M］．北京：北京交通大学出版社，2014．

[13] 物流综合项目实训（第一版）——《冷链物流运营实务》课程实验．

[14] 董士远．食品保藏与加工工艺实验指导（2014）［M］．北京：中国轻工业出版社，2014．

[15] 刘芳，等．易腐食品冷链百科全书［M］．上海：东华大学出版社，2011．